Daniel Giordani

Das Handpan buch

für Einsteiger und leicht fortgeschrittene Spieler

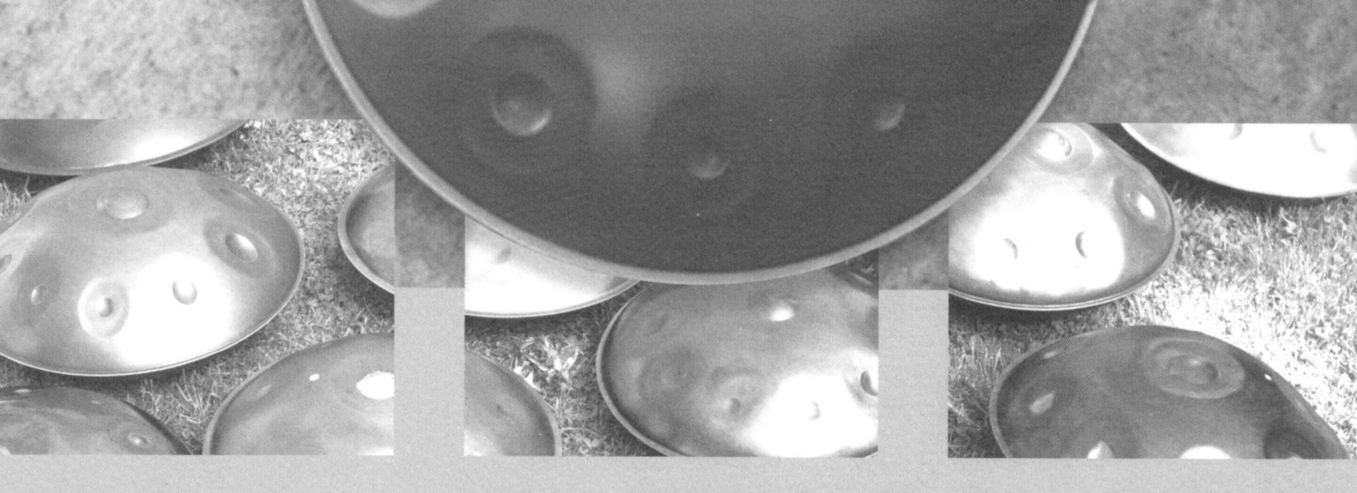

IMPRESSUM

D 910 / ISMN 979-0-50017-523-0 / ISBN 978-3-86849-350-4

Autor: Daniel Giordani
Umschlaggestaltung: Daniel Giordani und Ulrike Hofbauer

Die im Buch verwendete männliche Schreibweise wurde nur wegen der besseren Lesbarkeit verwendet. Ich möchte hier ausdrücklich darauf hinweisen, dass damit sowohl die männliche als auch die weibliche Schreibweise gemeint ist.

www.dux-verlag.de

Vita:

Daniel Giordani ist Handpanspieler, Perkussionist, Rhythmuspädagoge und Autor. Er leitet gemeinsam mit Yela Brodesser das „Rhytmotop – Institut für Rhythmuserfahrung" im österreichischen Waldviertel.
Er wurde 1977 in Bozen/Südtirol geboren, studierte Kultur- und Sozialanthropologie an der Universität Wien mit dem Schwerpunkt Musikethnologie. Bei zahlreichen Forschungs- und Studienreisen nach Westafrika erlernte er das Djembespiel. Weitere Reisen nach Nordafrika, Indien und Mittelamerika ermöglichten ihm den Einblick in viele weitere Perkussionsmusik-Stile. In den letzten Jahren wurde das Handpan immer mehr zum Hauptinstrument.

Seit vielen Jahren ist er Mitglied diverser Bands und Musikprojekte und gibt Workshops und Fortbildungsseminare für Kinder, Jugendliche, Erwachsene und PädagogInnen.

Bibliographie:

- Das Rhythmusorakel – eine alternative Trommelschule, 2012 Fidula Verlag

- Riddimbaker Collection, 50 Kompositionen für Djembe und Dundun, 2020 BoD

- Das Handpanbuch, 2020 Edition DUX

- Riddimbaker Collection 2, 50 neue Kompositionen für Djembe und Dundun 2021 BoD

- Bum Bum Tak, Trommeln mit Kindern, 2021 Fidula Verlag

- The Handpan Book (englische Ausgabe), 2022 Edition DUX

- Das Handpanbuch 2, 2022 Edition DUX

- Übungsstücke für Handpan, 2024 Edition DUX

Discographie:

- Jah Riddim – Joyful Noise, Rhytmotop Records 2011

- Kenebonda – Earthsound Grooves, Rhytmotop Records 2016

- Kenebonda – In Your Eyes, Rhytmotop Records 2021

- Daniel Giordani – Soft Landing, Rhytmotop Records 2022

www.danielgiordani.com
www.rhytmotop.at
www.kenebonda.at

INHALTSVERZEICHNIS

1. EINLEITUNG

Das Handpan ist ein neues Instrument, dessen Klang bei vielen Menschen großes Erstaunen hervorruft. Es berührt tief, umschmeichelt die Ohren und hat schon so manches Herz erobert.
Ein Handpan ist eigentlich ein sehr schlichtes Instrument aus Metall, jedoch mit einem außergewöhnlichen Klang und einer für Instrumente untypischen Form und damit einhergehenden Spielweise.

Es besteht aus zwei zusammengesetzten Metallschalen. Die Oberseite hat mehrere eingearbeitete Tonfelder. Die Unterseite hat ein zentrales Schallloch. Manchmal sind auch auf der Unterseite einige zusätzliche Klangfelder vorhanden.
Das Instrument hat dadurch eine runde Spielfläche und im Kreis angeordnete Spielfelder.

Viele Menschen, die zum ersten Mal in ihrem Leben mit dem Instrument in Kontakt kommen, sind fasziniert von dem besonderen Klang:
„Ich habe dieses Instrument letztes Jahr im Urlaub kennengelernt. Wie wir so durch die Gassen der Altstadt spazierten, hörte ich plötzlich diese sphärischen Klänge, die mich magisch anzogen. Ich musste dieser Musik folgen und herausfinden, wo sie herkam, wie sie erzeugt wird. Ich war dann sehr erstaunt, dass es keine Harfe oder Ähnliches war, sondern ein Straßenmusiker, der ein ufoähnliches Schlaginstrument bespielte."

Immer wieder werden mir solche Geschichten erzählt. Viele Menschen haben ähnliche Erlebnisse beim ersten Kontakt mit dem Handpan. Der Klang des Instruments berührt oft sehr tief und nachhaltig. Es ist sehr faszinierend, dass ein Blechinstrument so feine Klänge produzieren kann.
So mancher möchte dieses Instrument nach einem ersten Kontakt dann auch selbst erlernen. Dieses Buch soll dafür eine kleine Unterstützung bieten.

Das Buch ist so aufgebaut, dass die Übungen mit allen gängigen Handpans gespielt werden können.

Die Geschichte des Instruments

Die Geschichte des Instruments ist einerseits sehr jung, hat aber auch sehr tiefe Wurzeln, die bis in den afrikanischen Kontinent reichen.

Das erste ähnliche Instrument wurde tatsächlich erst im Jahr 2000 in der Schweiz von Felix Rohner und Sabina Schärer (PanArt®) entwickelt und als Hang® benannt. Hang bedeutet im Berner Dialekt Hand.
Dieser Name wurde gewählt, da das Hang im Gegensatz zu den Steelpans, die von ihnen zuvor gebaut wurden, nicht mit Sticks, sondern mit der Hand gespielt wird.

Felix Rohner beschäftigte sich aber schon seit langer Zeit mit dem Bau von Steelpans bzw. Steeldrums. Das sind ebenfalls Metallinstrumente. Steelpans werden typischerweise aus alten Ölfässern gemacht. Auch hier werden Klangfelder eingearbeitet. Das Metall ist jedoch nach innen gewölbt und der Klangcharakter des Instruments ist ganz anders.
Steelpans kommen aus der Karibik, werden wie gesagt mit Sticks gespielt und haben einen eher schrillen Klang. Sie wurden in den 1930er-Jahren in Trinidad erfunden und sind dort mittlerweile die Nationalinstrumente. Die Nachkommen der afrikanischen Sklaven haben aus dem Mangel an Instrumenten einfach alte Fässer aus der Ölproduktion zu Schlaginstrumenten umgewandelt. Die Steeldrums sind dort heute sehr populär und werden typischerweise bei den Karnevalsumzügen gespielt.

Die Verwendung von Alltagsgegenständen ist sehr typisch für viele afrikanische Musikkulturen. So werden oft auch Kalebassen, Mörser, Hacken, Kisten usw. zum Musizieren verwendet. Die Holzkistentrommel Cajon ist ebenfalls von den afrikanischen Sklaven entwickelt worden, die bei der Arbeit am Hafen auf den Transportkisten getrommelt haben.

Die Entstehungsgeschichte des Handpans kann man demnach auch sehr weit in die afrikanische Diaspora in der Karibik und in die afrikanische Musikwelt zurückverfolgen.

Vom Hang® zum Handpan

Das Hang® wurde innerhalb von wenigen Jahren zum heiß begehrten Instrument. Viele Menschen waren vom Klang so fasziniert, dass sie das Instrument gerne kaufen wollten. Die Kapazität der Produktion war aber im Vergleich zur Nachfrage sehr gering.

So begannen in den letzten Jahren immer mehr kreative Menschen, die Idee aufzugreifen und ähnliche Metallinstrumente nachzubauen.
Heute gibt es eine große Anzahl an Produzenten, die unterschiedlichste Instrumente bauen und verkaufen. Es hat sich der Oberbegriff Handpan neben dem Begriff Pantam als allgemeingültige Bezeichnung der Instrumentengattung durchgesetzt.
Hang® ist ein geschützter Name und wird nur für die Instrumente der Firma PanArt verwendet.

Der englische Begriff Handpan ist auch im deutschsprachigen Raum gebräuchlich. Uneinig ist man sich noch über den Artikel. Manche verwenden „die" Handpan, da die wörtliche Übersetzung die Handpfanne ist, andere verwenden „das" Handpan, da es ja auch „das" Hang® heißt. Beide Varianten sind, ähnlich wie bei der/die/das Triangel möglich. Ich verwende „das" Handpan, weil ich es so kennengelernt habe und es in meinem Freundeskreis eher verwendet wird.

Der Handpan-Markt ist leider noch recht unübersichtlich und die Klangcharakteristiken, Qualitäten und Preise variieren oft recht stark und es kann eine große Herausforderung sein, ein passendes Instrument für sich auszuwählen.

Neben der Wahl des Produzenten gibt es auch die Wahl der passenden Skala.
Es gibt schließlich mehrere hundert unterschiedliche Skalen auf den Handpans.

Jeder kann sich im Internet über diverse Videoplattformen aber einen guten Eindruck verschaffen und sich diverse Skalen anhören. Eine weit verbreitete und von meiner Seite auch sehr empfehlenswerte Skala zu Beginn ist etwas in D-Moll, wie z. B. Kurd, Integral, Amara, Celtic Minor,...

Diese sind recht leicht zu spielen und viele bekannte Stücke, die in den sozialen Medien für Millionen Klicks gesorgt haben, werden in D-Moll gespielt. Auch das Zusammenspiel mit anderen Instrumenten ist mit diesen Skalen etwas einfacher, als mit ganz ausgefallenen Skalen (z. B. Hijaz). Letztendlich ist es aber reine Geschmacksache, welche Skala einen besonders anspricht.

Zum Buch

Mit dem Handpan kann man sehr gut rhythmisches Spiel mit schönen Melodien und harmonikalen Abfolgen verbinden.
In diesem Buch wird der Rhythmus das tragende Element sein. Das Handpan ist ein Hand-Perkussionsinstrument und wird, wie viele andere Schlaginstrumente und Trommeln, mit den Händen und Fingern angeschlagen.

Somit können sehr viele Elemente aus der Welt der Wordpercussion entnommen werden und Rhythmen und Spieltechniken von afrikanischen Djemben, orientalischen Rahmentrommeln, indischen Tablas usw. können für das Handpan als Inspiration dienen.

Diese Rhythmen können am Handpan aber noch durch die vielen Tonfelder mit schönen Melodieabfolgen garniert werden.

Die Schwierigkeit liegt jedoch darin, dass ich als Autor nicht weiß, welches Instrument und welche Skala du zu Hause hast. Daher werden die notierten Melodien auf jedem Instrument etwas anders klingen.

Die Übungen im Buch sind aufeinander aufbauend. Am leichtesten ist es, das Buch in der angegebenen Reihenfolge durchzuarbeiten.

Einige Spezialkapitel wie Slap, Akkorde usw. können aber schon zwischendurch erarbeitet werden.
In den Übungsstücken können dann viele Techniken und Spielvariationen gut trainiert werden.

Zu sehr vielen Übungen gibt es auch Videos. Sie sind mit einem QR-Code aufrufbar. Falls die Übungen zu schnell für dich sind, kannst du sie auch über die Einstellfunktion langsamer abspielen.
Die Videos sind mit einem Instrument in Kurd-Stimmung eingespielt. Solltest du eine andere Stimmung haben, werden sich die Melodien von dem Videobeispiel natürlich unterscheiden. Du kannst das Video aber nutzen, um die Schlagabfolgen am Instrument zu sehen und somit leichter auf deinem Instrument umzusetzen.

Lernen mit Noten oder freies Spielen

Viele Handpanspieler und Liebhaber des Hang® von PanArt lieben ihr Instrument, da es sich von anderen Musikinstrumenten völlig unterscheidet und es sehr leicht intuitiv spielbar ist. Sie lieben es, ohne vorgefertigte Konzepte über Musik und Rhythmus frei am Instrument zu improvisieren. So sehen es auch Felix Rohner und Sabina Schärer. Sie möchten das Hang® auch eher als Klangskulptur genannt haben, um damit den Unterschied zum Spielen eines Instruments zu unterstreichen.
In mehreren Publikationen haben sie auch darauf hingewiesen, dass das Hang® für sie keine Trommel ist.

Ein Lehrbuch mit Noten und Anleitungen scheint für manche daher gar nicht zum Instrument passend.

Die letzten Jahre meiner Beschäftigung mit dem Handpan und meiner Unterrichttätigkeit haben mir aber gezeigt, dass viele Menschen ein Handpan zu Hause haben und es selten spielen, da ihnen die spontane Herangehensweise sehr schwerfällt. Sie suchen nach Tipps und Tricks, nach einfachen Anleitungen zu diversen Spieltechniken und einfache Übungen zum Nachspielen.

Viele Menschen kaufen sich ein Handpan, nachdem sie im Internet einige faszinierende Videos von Handpanspielern gesehen haben und merken dann, dass sie zu Hause nichts annähernd ähnlich Klingendes aus dem Instrument herausholen können.

So bin ich auf die Idee zu diesem Buch gekommen. Es soll der Kreativität und der selbstständigen Erforschung des Instruments nicht im Wege stehen, sondern einige Grundlagen vermitteln, die der Startpunkt zum eigenen ganz persönlichen Handpanspielstil sein können.

Exkurs: Skalen
Die meisten Handpans sind heptatonisch (7-tönig), hexatonisch (6-tönig) oder pentatonisch (5-tönig) gestimmt. Dadurch entsteht eine in sich sehr stimmige, meist leicht zu spielende Skala.
Der Tonumfang ist jedoch im Vergleich zu anderen Instrumenten recht eingeschränkt.
Auf den meisten gängigen Melodieinstrumenten wie Klavier, Gitarre usw. kann man alle 12 Töne der Tonleiter spielen und das noch über mehrere Oktaven.
Ein Handpan hat nur eine bestimmte Auswahl von 8 - 10 Tönen.
Manche Instrumente mit Klangfeldern auf der Unterseite haben bis zu 20 Töne.

Hier ein klein wenig Musiktheorie, ohne allzu kompliziert zu werden:

Es gibt Skalennamen, die sich nach den Kirchentonarten richten wie „Äolisch“ oder „Dorisch“. Manche Skalennamen kommen aus außereuropäischen Musikkulturen:
z. B. „Ragadesh“ aus Indien, „Hijaz“aus dem Orient oder „Akebono“ aus Japan.

Die Namen mancher Skalen sind aber auch Erfindungen der unterschiedlichen Produzenten: z. B. „Equinox“ oder „Voyager“.

Die Skalen gibt es meist in unterschiedlichen Höhen. Zur leichteren Vergleichbarkeit sind hier alle mit D als Grundton dargestellt.
Da es die Skalen mit unterschiedlich vielen Klangfeldern gibt, wird nach dem Namen der Skala manchmal auch die Anzahl der äußeren Klangfelder angegeben.
Bei Kurd8 geht die Skala bis zum Ton A: D-A-Bb-C-D-E-F-G-A, bei Kurd9 reicht die Skala bis zum Ton C: D-A-Bb-C-D-E-F-G-A-C

Hier einige der gängigen Skalen:

Achtung: es wird die englische Schreibweise verwendet: B=H und Bb=B

Amara oder Celtic Minor	D-A-C-D-E-F-G-A
Kurd8	D-A-Bb-C-D-E-F-G-A
Kurd9	D-A-Bb-C-D-E-F-G-A-C
Integral7	D-A-Bb-C-D-E-F-A
Integral8	D-A-Bb-C-D-E-F-A-Bb
Equinox	D-F-A-Bb-C-D-E-F-A
Voyager	D-F-A-C-D-E-F-A-C
Pygmy	D-G-A-Bb-D-F-G-A
Akebono	D-G-A-Bb-D-Eb-G-A
Hijaz	D-A-C-D-Eb-F#-G-A-C
Mixolydian	D-A-B-C-D-E-F#G-A
Romanian	D-G-A-Bb-C#-D-E-F-G
Ragadesh	D-F#-A-B-C#-D-E-F#-A
La Sirena	D-F-A-B-C-D-E-F-G-A

Mehr Skalen zum Vergleich gibt es im Anhang.

2. DAS INSTRUMENT KENNENLERNEN

Sitzpositionen

Das Instrument kann in unterschiedlichen Positionen gehalten werden. Viele Spieler bevorzugen das Sitzen am Boden im Schneidersitz mit dem Instrument auf den Oberschenkeln. Andere halten es lieber auf einem Stuhl sitzend. Für manche ist das Instrument aber etwas zu groß und es droht nach vorne zu kippen. Da kann ein eigener Handpanständer hilfreich sein. Snaredrum- oder Congaständer sind aber auch eine Alternative. Es gibt auch hohe Ständer zum Spielen im Stehen.

Wenn das Instrument auf einen Ständer montiert wird, sollte es aber trotzdem sehr eng am Körper gehalten werden und nicht zu weit weg stehen.

Egal für welche Position man sich entscheidet, es ist sehr wichtig, das Handpan etwas nach vorne zu kippen.

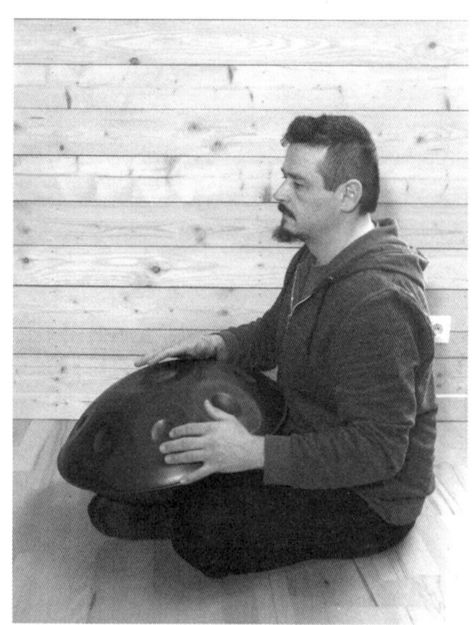

Spielposition:
am Boden sitzend

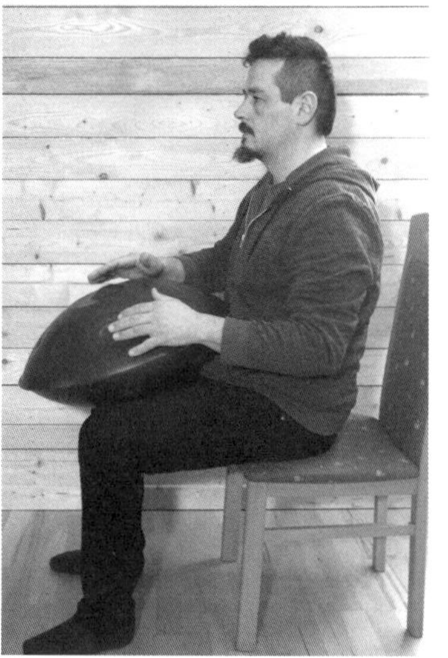

Spielposition:
am Stuhl sitzend mit dem Instrument auf den Oberschenkeln

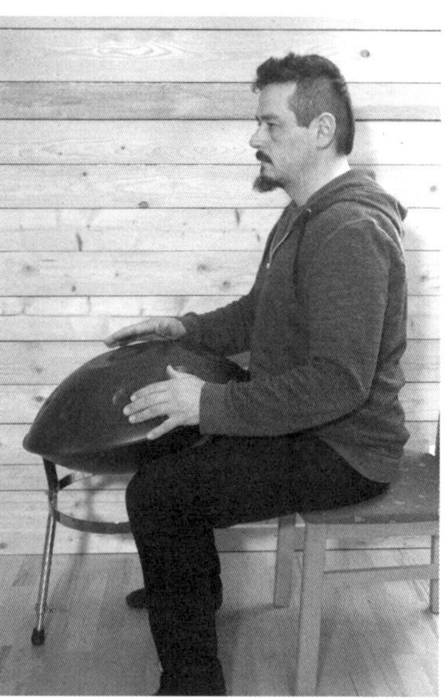

Spielposition:
am Stuhl sitzend mit dem Instrument auf einem Handpanständer

Das Handpan hat ein zentrales Tonfeld und rundherum einige Klangfelder. Bei manchen Instrumenten sind es 7, 8 oder 9. In Ausnahmefällen gibt es 10 oder mehr Klangfelder.

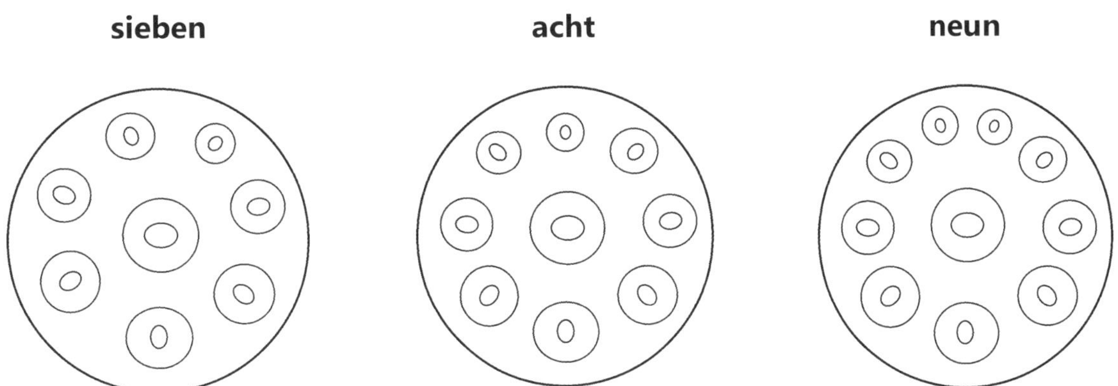

Es ist sehr schön, dass das Instrument rund ist und es möglich ist, das Instrument zu drehen und die Position der Töne damit zu verändern. Für den Beginn rate ich aber dazu, den tiefsten Klang zu suchen und das Instrument so zu halten, dass dieser zum Bauch schaut.

Die meisten Handpans haben eine Skala, die im Zickzack von unten nach oben bzw. von tief nach hoch geht. Wenn der tiefste Ton zum Körper schaut ist meist links davon der nächsthöhere Ton, rechts vom tiefsten Ton liegt dann der dritte Ton usw.

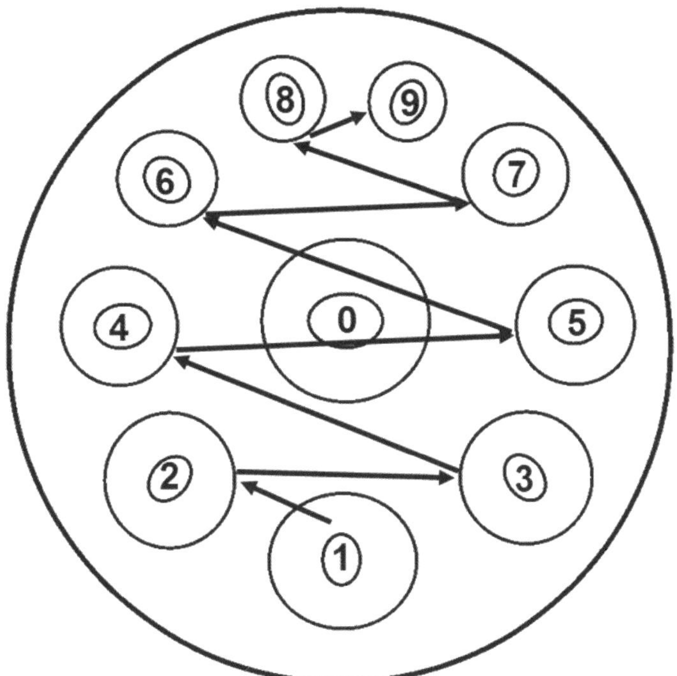

Es gibt auch andere Bauweisen. Wenn der 2. Ton rechts von 1 liegt, spricht man von Linkshänder-Instrumenten.

Die Klangfelder werden mit den Fingern angeschlagen. Es können Daumen, Zeigefinger, später bei komplexeren Spieltechniken auch Mittel- und Ringfinger, Fingerknöchel usw. verwendet werden.

Notation

Die hier verwendete Notation ist sehr einfach und intuitiv verständlich. Es werden keine klassischen Notensymbole verwendet, sondern alle am Handpan gespielten Schläge und Töne mit unterschiedlichen Symbolen, Zahlen und Buchstaben dargestellt.
Die Übungen im Buch sind so gestaltet, dass sie mit jeder Skala gut funktionieren.
Als Grundlage dient ein Raster von regelmäßigen Hintergrundpulsationen.

Diese werden je nach Rhythmus zu Gruppen zusammengefasst. Meist sind dies 4er- oder 3er-Gruppen.

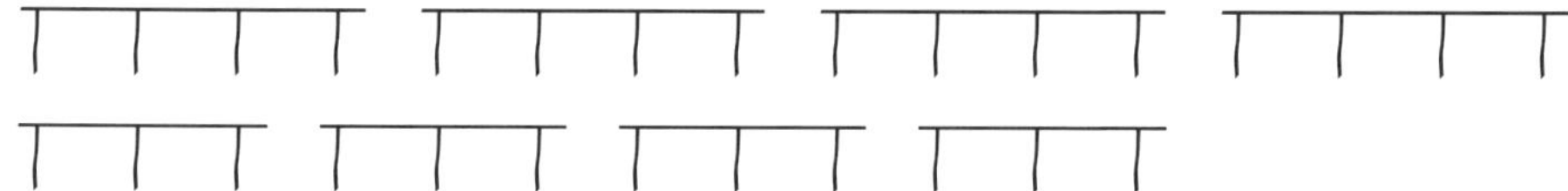

Die Rhythmen und Melodieabfolgen werden nun so notiert, dass die Zahlen und Symbole auf die entsprechende Pulsation geschrieben werden. Pausen werden einfach so notiert, dass die Pulsation ohne Symbol bleibt.

Die Zahl 0 ist z. B. das Symbol für den Schlag im zentralen Tonfeld. Eine regelmäßig gespielte Schlagabfolge kann notiert nun so aussehen:

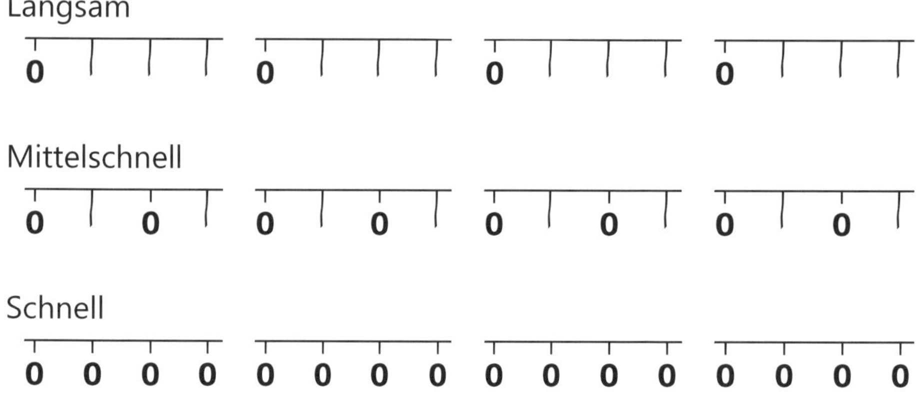

Zusätzlich zu den Noten wird immer auch der vorgeschlagene Handsatz angegeben.
R steht für die rechte Hand, L steht für die linke Hand.

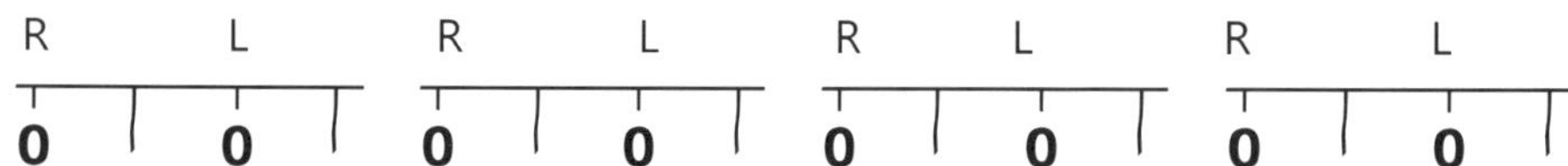

Die ersten Sounds am zentralen Tonfeld

Wenn wir den zentralen Bereich des Instruments als eine Art Trommel sehen, so können wir hier zwei unterschiedliche Sounds erzeugen: einen sehr tiefen und einen sehr hohen, perkussiven Sound.
Rhythmen, die hier gespielt werden, können auch zum besseren und leichteren Lernen mit Silben ausgedrückt und gesprochen werden, so wie das in vielen außereuropäischen Musikkulturen üblich ist. Bei den folgenden Übungen können wir für den tiefen Sound die Silben „BUM“, „DUM“ oder „DOUM“ und für den hohen Sound die Silbe „TA“ oder „TAK“ verwenden, so wie das in der westafrikanischen, der orientalischen oder indischen Perkussionsmusik üblich ist.

Der tiefe Bassklang im zentralen Tonfeld

Das zentrale Tonfeld ist der tiefste Ton am Instrument.
Es hat im Gegensatz zu den anderen meist eine Kuppel. PanArt hat dies beim Hang® als Ding bezeichnet. Manche Instrumente haben auch beim zentralen Ton einen Impex, eine konkave Wölbung nach innen.

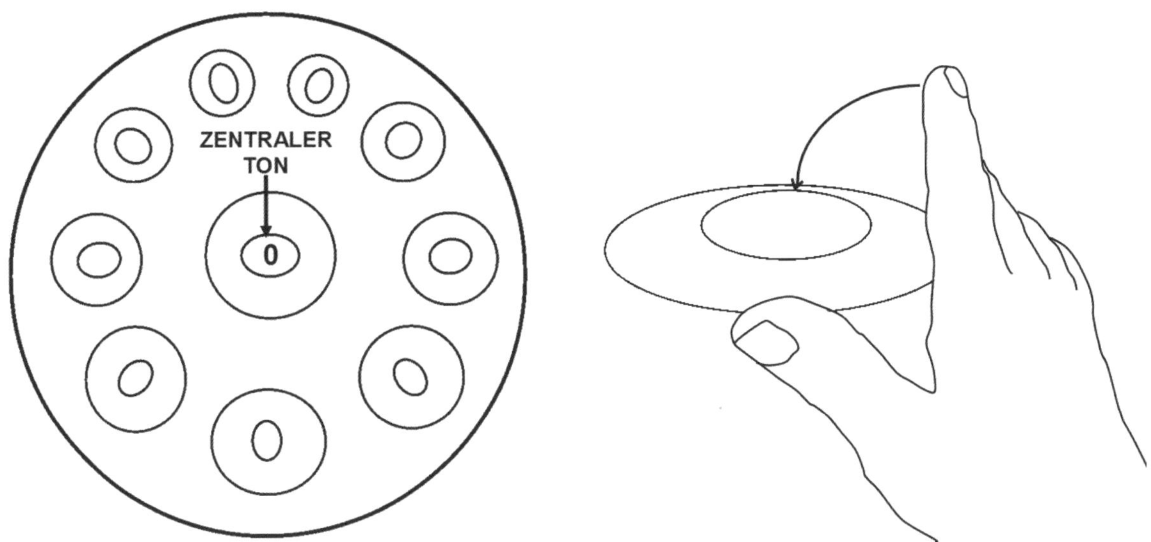

Ich empfehle, dieses Klangfeld mit dem Zeigefinger anzuschlagen. In manchen Spielsituationen ist es auch sinnvoll, den Daumen zu verwenden. Dazu aber erst später.
Die Bewegung wird einerseits mit der ganzen Hand ausgeführt, andererseits wird der Zeigefinger dabei etwas angespannt und landet wie ein kleiner Stick in der Mitte des zentralen Tonfelds. Wichtig ist, dass er dort nicht liegenbleibt, sondern sofort wieder abprallt und das Tonfeld frei schwingen kann.

Das Ziel ist es, einen tiefen, weichen, gut nachklingenden Sound zu erzeugen.

Zum Notieren des zentralen Tons verwende ich in diesem Buch die Zahl 0. Gesprochen wird dieser tiefe Ton als „BUM", „DUM" oder „DOUM".

Dieses und die folgenden Videos sind auch aufrufbar unter: https://www.dux-verlag.de/handpan

VIDEO **01**

Einfache Übungen mit dem Bassklang im zentralen Tonfeld:

1	R L R L R L R L **0 0 0 0 0 0 0 0**
2	R L R R L R **0 0 0 0 0 0**
3	R L R L R **0 0 0 0 0**
4	R R L R L **0 0 0 0 0**
5	R L R L R L **0 0 0 0 0 0**

Der hohe perkussive Sound am Rand des zentralen Tonfelds

Am Rand des zentralen Tonfelds, wo das Instrument einen Bug macht, können wir mit dem Zeigefinger einen sehr hohen, perkussiven Klang erzeugen.
Diese Stelle wird auch als Schulter des Instruments bezeichnet, dort wo der Ton des zentralen Tonfelds langsam in einen sehr trockenen metallischen Sound übergeht.
Die Schlagmethode ist dieselbe wie beim Bass-Schlag.
Dieser Schlag erzeugt eine Art Slapsound. Der Finger muss mit ziemlich viel Kraft auftreffen. Er kann entweder sofort wieder abprallen oder auch kurz auf der Instrumentenoberfläche liegen bleiben.

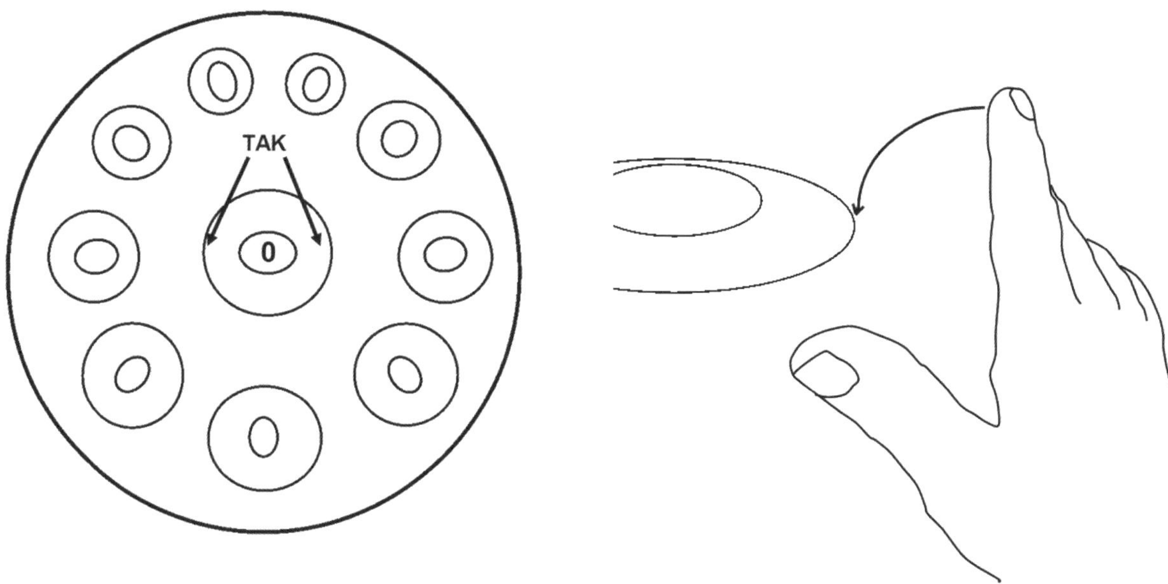

Dieser Schlag klingt für sich alleine vielleicht nicht so besonders schön. Zum Spielen von groovigen Rhythmen ist er jedoch sehr wertvoll.
Zum Notieren dieses hohen Sounds verwende ich im Buch den Buchstaben T. Gesprochen wird dieser hohe Ton als „TAK". Mehrere aufeinanderfolgende Taks können einfacherweise statt Tak Tak Tak Tak ... auch als Ta Ka Ta Ka ... gesprochen werden. Das geht bedeutend leichter.

Einfache Übungen mit dem hohen Sound am Rand des zentralen Tonfelds:

1	R L R L R L R **T T T T T T T**
2	R R L R L R **T T T T T T**
3	R R L L R **T T T T T**
4	R L R R L **T T T T T**
5	R L R R R L **T T T T T T**

Einfache Übungen mit beiden Sounds im zentralen Tonfeld:

Wie ich bereits erwähnt habe, kann man mit diesen zwei Sounds nun bereits sehr feine Rhythmen am Handpan spielen. Es werden im Buch sehr viele interessante Beispiele folgen. Hier erstmal ein paar einfache Übungen.

VIDEO
03

1	R L **O O**	R **O**	R L **T T**	R **T**
2	R L **O O**	R L **T T**	R L **O O**	R **T**
3	R **O**	R L **T T**	R **O**	R **T**
4	R **O**	R **T**	R L **O O**	R **T**
5	R **T**	R L **O T**	R **T**	R **O**

Die äußeren Tonfelder

Die äußeren Tonfelder kann man nun mit zwei unterschiedlichen Schlagtechniken bespielen: Die untersten Tonfelder, die in der Nähe des Körpers sind, werden am besten mit dem Daumen angeschlagen, die restlichen Tonfelder mit dem Zeigefinger.
Die Tonfelder werden hier einfach mit weiteren Zahlen benannt. Der tiefste Ton der äußeren Klangfelder ist 1, der nächst höhere 2, dann 3 usw. bis 7, 8 oder 9, je nachdem wie viele Klangfelder das Instrument hat.
Wie bereits erwähnt, haben die meisten Handpans die Klangfelder so angeordnet, dass ein Zickzackmuster entsteht.
Wenn der tiefste Ton zum Körper schaut, ist meist links davon der nächsthöhere Ton, rechts vom tiefsten Ton liegt dann der dritte Ton usw.

Die Daumen-Spieltechnik bei den tiefen Tönen 1 - 3

Wenn das Instrument nahe am Körper gehalten wird, ist es recht umständlich und unergonomisch, die untersten Töne mit dem Zeigefinger anzuschlagen. Viel leichter geht es hier mit dem Daumen. Die Hand macht einerseits eine Schlagbewegung nach unten. Dabei wird die Hand aber auch etwas gedreht, sodass der Daumen mit Schwung das Tonfeld erreicht und sofort wieder abprallt. Während wir beim zentralen Tonfeld die Mitte anschlagen, ist es bei den äußeren Tonfeldern meist schöner, den Bereich rund um die Einbuchtung des Tonfeldes zu treffen und nicht direkt die Mitte.

Wenn wir das Instrument so halten, dass der tiefste Ton zum Körper schaut, so können wir zu Beginn die ersten 3 Tonfelder mit dem Daumen anschlagen.

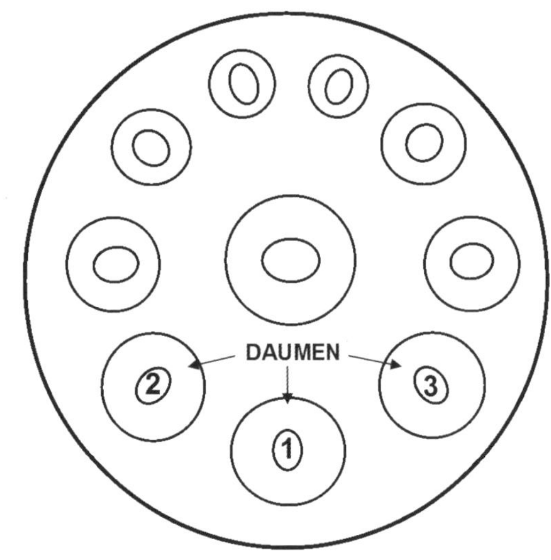

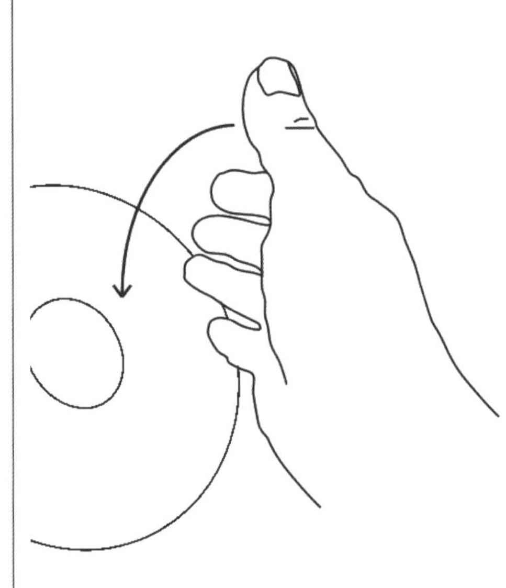

Einfache Übungen mit dem Daumenschlag auf den tiefen Klangfeldern:

1	R L R R L R **1 2 3 1 2 3**
2	R L R L R **1 2 1 2 3**
3	R L R R L R **3 2 1 3 2 1**
4	R L R R L R **1 2 3 3 2 1**
5	R R L L R R L **1 1 2 2 3 3 2**

Später können auch höhere Töne für bestimmte Spieltechniken mit dem Daumen angeschlagen werden. Auch der zentrale Ton kann mit dem Daumen gespielt werden.

Die Zeigefinger-Spieltechnik ab dem Tonfeld 4

Alle weiteren Klangfelder sind nun weit genug vom Körper entfernt, dass sie mit dem Zeigefinger erreicht werden können, ohne dass die Hand einen Knick machen muss. Die Schlagtechnik ist wieder wie beim zentralen Ton: Der Zeigefinger wird leicht angespannt und schlägt mit etwas Kraft das Klangfeld an. So wie bei den Tonfeldern 1 - 3 wird aber auch hier nicht die Mitte des Klangfelds angeschlagen, sondern der Bereich unmittelbar daneben.

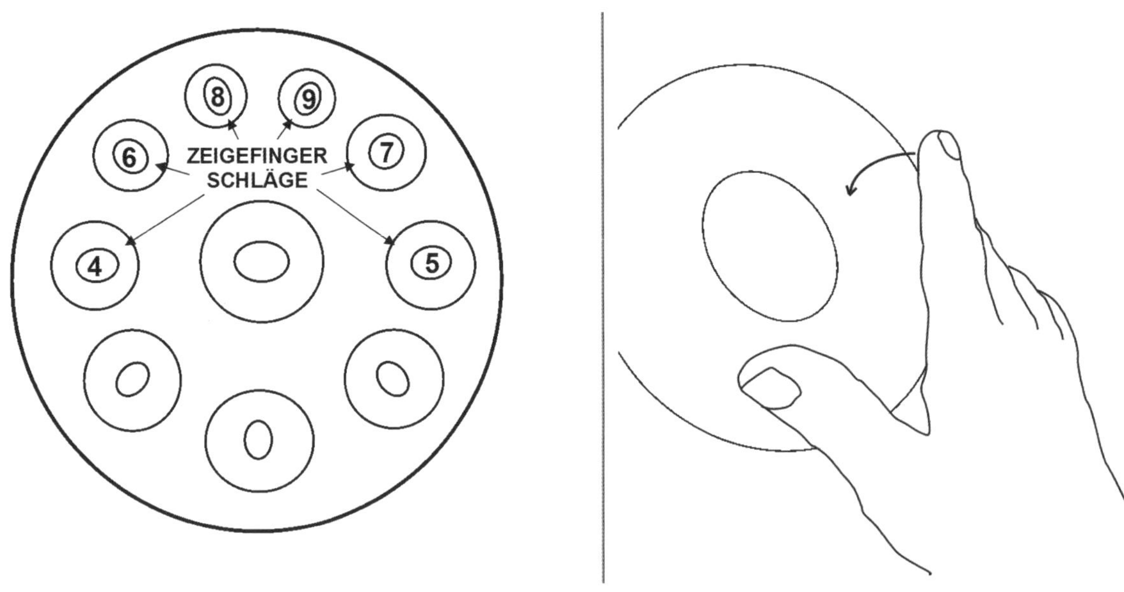

Einfache Übungen mit dem Zeigefingerschlag auf den höheren Klangfeldern:

Spiele einfach deine ganze Skala ab 4 nach oben. Je nachdem wie viele Klangfelder dein Instrument hat, bis 7, 8, 9 oder gar 10. Achtung: Die Skala beginnt mit der linken Hand, da der 4. Ton auf der linken Seite des Instruments liegt.

4	**5**	**6**	**7**			
4	**5**	**6**	**7**	**8**		
4	**5**	**6**	**7**	**8**	**9**	
4	**5**	**6**	**7**	**8**	**9**	**10**

Nun von oben runter:

10	**9**	**8**	**7**	**6**	**5**	**4**
9	**8**	**7**	**6**	**5**	**4**	
8	**7**	**6**	**5**	**4**		
7	**6**	**5**	**4**			

Hier ein paar rhythmische Übungen:

VIDEO
05

1	R L R L R **5 4 5 6 7**
2	R L R L R **7 6 5 6 7**
3	R L R L R L R **5 6 7 6 5 6 5**
4	R L R L R L R **7 6 5 6 7 6 5**
5	Instrument mit 9 Tönen: R L R L R R **5 6 7 8 9 9** Instrument mit 8 Tönen: R L R L R R **5 6 7 8 7 7** Instrument mit 7 Tönen: R L R L R R **5 6 7 6 5 5**

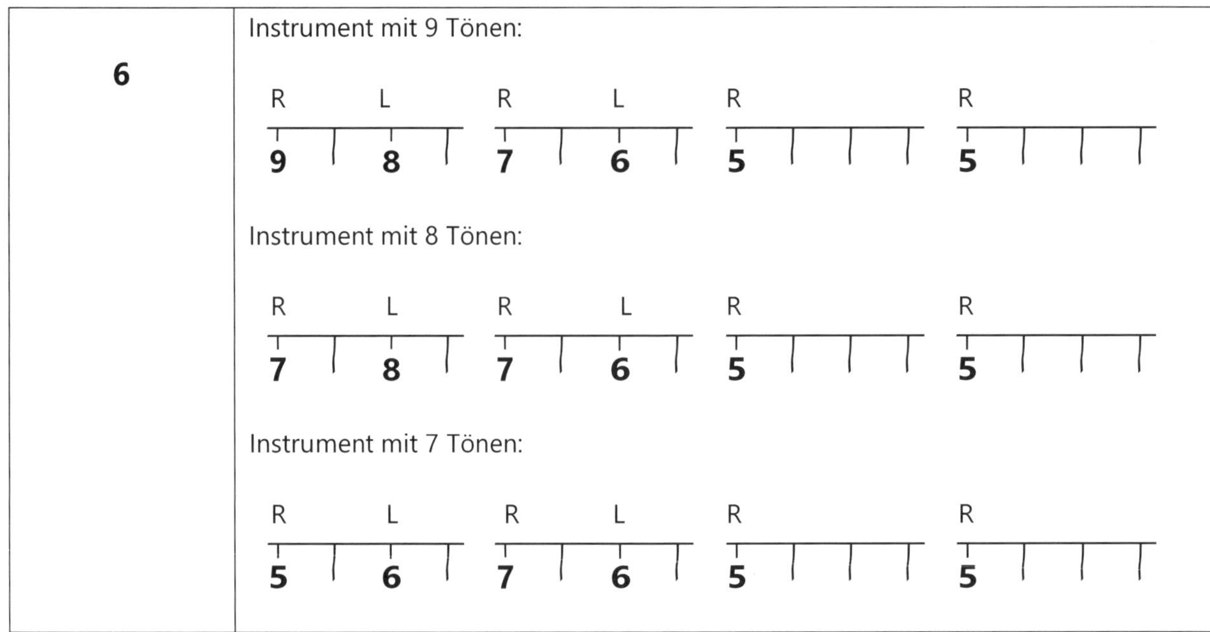

Wenn du bei weiteren Übungen Tonfeld 8 oder 9 findest und du ein Instrument mit weniger Tonfeldern hast, kannst du immer mit diesem System arbeiten:

- bei Instrumenten mit 8 Tonfeldern: die 9 durch 7 ersetzen
- bei Instrumenten mit 7 Tonfeldern: die 9 durch 5 ersetzen und die 8 durch 7

Bei vielen Übungen sind die Alternativ-Tonfelder in Klammer dazugeschrieben.

z. B. (7) oder (5)

Ich möchte die Leser dieses Buches an dieser Stelle auch dazu auffordern, das Instrument immer wieder, abseits von den Noten und Übungen im Buch, selbstständig zu erkunden und so durch Wischen, Streichen, Tippen ganz neue Sounds zu finden.
Es darf mit Fingerkuppen, Handflächen, mit Fäusten, mit Knöcheln usw. experimentiert werden!!!

Alles was schön klingt und das Instrument und die Oberfläche nicht beschädigt, ist erlaubt.

3. ERSTE ÜBUNGSSEQUENZEN

Die folgenden Übungssequenzen sind so aufgebaut, dass jede Übung einen Grundrhythmus oder ein Grundthema hat. Dieser einfache Rhythmus wird dann auf unterschiedlichste Weise variiert.
Die Variationen sind immer so aufgebaut, dass nach der Variation wieder einmal das ursprüngliche Thema angehängt wird.

Das Thema und jede Variation sollten zu Beginn jeweils einzeln für sich geübt werden. Erst wenn der Kopf und auch der Körper den Rhythmus, die Bewegungsabfolge und die Melodie verinnerlicht haben, solltest du zur nächsten Variation gehen.

Als weitere Übung können dann Thema und Variationen in einem Durchlauf nacheinander durchgespielt werden.
Man kann z. B. jede Variation

- 4x
- 2x
- oder nur 1x spielen

und zur nächsten wechseln.

So entstehen schon kleinere Übungsstücke.
Die Stücke können aber auch selbst kreiert werden. Das Thema und die Variationen können wie bei einem Baukastensystem selbst kreativ zusammengestellt werden.

In den Videobeispielen wird das Thema 4x gespielt und jede Variation 2x. Zum leichteren Verständnis sind die Variationen nicht in einem Durchlauf gespielt, sondern jede einzeln, mit Pausen dazwischen.

Tipp: Das Lesen der Notation ist zu Beginn sicher hilfreich. Wichtig ist es jedoch, sich immer wieder von den Noten zu lösen und die Übungen auswendig zu spielen. Es ist wichtig, die Übungen so lange zu spielen, bis die Hände die Bewegungen von alleine machen. Achte auf die Muster und Bewegungsabläufe der Hände, die über das Instrument tanzen!

ÜBUNGSSEQUENZ 1

VIDEO
06

Bei dieser ersten Übung gibt es eine immer wiederkehrende Abfolge von 3 Schlägen. Diese werden immer mit R-L-R ausgeführt. Die angeschlagenen Bereiche und Tonfelder am Instrument werden aber dabei variiert. Beim Grundrhythmus sind es 3 Bass-Schläge und 3 Taks. Bei den weiteren Übungen werden auch die Tonfelder integriert.
Achtung: Ab Variation 5 werden Schläge mit dem Daumen und Schläge mit dem Zeigefinger auf den Tonfeldern kombiniert!

Thema	R	L	R	R	L	R
	0	**0**	**0**	**T**	**T**	**T**
Variation 1	R	L	R	R	L	R
	0	**0**	**0**	**1**	**2**	**3**
	R	L	R	R	L	R
	0	**0**	**0**	**T**	**T**	**T**
Variation 2	R	L	R	R	L	R
	0	**0**	**0**	**5**	**6**	**7**
	R	L	R	R	L	R
	0	**0**	**0**	**T**	**T**	**T**
Variation 3	R	L	R	R	L	R
	0	**0**	**0**	**3**	**2**	**1**
	R	L	R	R	L	R
	0	**0**	**0**	**T**	**T**	**T**

Variation 4	R L R R L R **0 0 0 7 6 5** R L R R L R **0 0 0 T T T**
Variation 5	R L R R L R **1 2 3 3 4 5** R L R R L R **0 0 0 T T T**
Variation 6	R L R R L R **5 4 3 3 2 1** R L R R L R **0 0 0 T T T**

ÜBUNGSSEQUENZ 2

VIDEO
07

Bei dieser Übung gibt es wieder eine Abfolge von 3 Schlägen. Dieses Mal werden sie aber abwechselnd mit R-L-R und L-R-L ausgeführt.
Die gespielten Tonfelder sind dementsprechend anders verteilt.

Thema	R	L	R	L	R	L
	0	**0**	**0**	**T**	**T**	**T**
Variation 1	R	L	R	L	R	L
	0	**0**	**0**	**2**	**3**	**4**
	R	L	R	L	R	L
	0	**0**	**0**	**T**	**T**	**T**
Variation 2	R	L	R	L	R	L
	0	**0**	**0**	**4**	**5**	**6**
	R	L	R	L	R	L
	0	**0**	**0**	**T**	**T**	**T**
Variation 3	R	L	R	L	R	L
	0	**0**	**0**	**4**	**3**	**2**
	R	L	R	L	R	L
	0	**0**	**0**	**T**	**T**	**T**

Variation 4	R L R L R L 0 0 0 6 5 4 R L R L R L 0 0 0 T T T
Variation 5	R L R L R L 1 2 3 2 3 4 R L R L R L 0 0 0 T T T
Variation 6	R L R L R L 5 4 3 4 3 2 R L R L R L 0 0 0 T T T

ÜBUNGSSEQUENZ 3

VIDEO
08

Bei dieser Übung wird ein einfacher Grundrhythmus auf diverse Weise variiert. Die drei Taks werden hier manchmal mit R-L-R und manchmal mit L-R-L gespielt.

Thema	R **0**	L **0**	R **T**	L **T**	R **T**
Variation 1	R **0**	L **0**	R **5**	L **4**	R **3**
	R **0**	L **0**	R **T**	L **T**	R **T**
Variation 2	R **0**	L **0**	R **3**	L **2**	R **1**
	R **0**	L **0**	R **T**	L **T**	R **T**
Variation 3	R **7**	L **6**	R **5**	L **4**	R **3**
	R **0**	L **0**	R **T**	L **T**	R **T**
Variation 4	R **5**	L **4**	R **3**	L **2**	R **1**
	R **0**	L **0**	R **T**	L **T**	R **T**

Variation 5	R R L R L **7 7 4 5 6** R L R L R **0 0 T T T**
Variation 6	R R L R L **5 5 4 3 2** R L R L R **0 0 T T T**

ÜBUNGSSEQUENZ 4

Dieser einfache Rhythmus mit ständig wechselnden Händen erzeugt einen schönen Spielfluß.

	R	L	R	L	R	L	R	L
Thema	**0**	**0**	**T**	**T**	**0**	**0**	**1**	**1**
Variation 1	**0**	**0**	**7**	**6**	**0**	**0**	**1**	**1**
	0	**0**	**T**	**T**	**0**	**0**	**1**	**1**
Variation 2	**0**	**0**	**5**	**4**	**0**	**0**	**1**	**1**
	0	**0**	**T**	**T**	**0**	**0**	**1**	**1**
Variation 3	**0**	**0**	**7**	**6**	**0**	**0**	**5**	**4**
	0	**0**	**T**	**T**	**0**	**0**	**1**	**1**
Variation 4	**0**	**0**	**5**	**4**	**0**	**0**	**3**	**2**
	0	**0**	**T**	**T**	**0**	**0**	**1**	**1**
Variation 5	**0**	**0**	**T**	**T**	**7**	**6**	**5**	**4**
	0	**0**	**T**	**T**	**0**	**0**	**1**	**1**

Variation 6	R L	R L	R L	R L
	0 0	T T	5 4	3 2
	R L	R L	R L	R L
	0 0	T T	0 0	1 1
Variation 7	R L	R L	R	L
	0 0	7 6	5	4
	R L	R L	R L	R L
	0 0	T T	0 0	1 1
Variation 8	R L	R L	R	L
	0 0	5 4	3	2
	R L	R L	R L	R L
	0 0	T T	0 0	1 1
Variation 9	R L	R L	R	L
	0 0	3 2	5	4
	R L	R L	R L	R L
	0 0	T T	0 0	1 1
Variation 10	R L	R L	R	L
	0 0	3 2	7	6
	R L	R L	R L	R L
	0 0	T T	0 0	1 1

ÜBUNGSSEQUENZ 5

Bei dieser Übung gibt es erstmals eine schnelle Abfolge von 4 Schlägen.

Thema	R L R L R L R L R **0 0 T T T T 0 0 1**
Variation 1	R L R L R L R L R **0 0 7 6 5 4 0 0 1** R L R L R L R L R **0 0 T T T T 0 0 1**
Variation 2	R L R L R L R L R **0 0 1 2 3 4 0 0 1** R L R L R L R L R **0 0 T T T T 0 0 1**
Variation 3	R L R L R L R L R L R L **0 0 7 6 5 4 0 0 1 2 3 4** R L R L R L R L R **0 0 T T T T 0 0 1**
Variation 4	R L R L R L R L R L R L **0 0 5 4 3 2 0 0 1 2 3 4** R L R L R L R L R **0 0 T T T T 0 0 1**

Variation				
Variation 5	R L	R	R L R L	R L R L
	0 0	**1**	**7 6 5 4**	**7 6 5 4**
	R L	R L R L	R L	R
	0 0	**T T T T**	**0 0**	**1**
Variation 6	R L	R	R L R L	R L R L
	0 0	**1**	**5 4 3 2**	**5 4 3 2**
	R L	R L R L	R L	R
	0 0	**T T T T**	**0 0**	**1**
Variation 7	R L	R L R L	R L	R
	0 0	**7 6 5 4**	**5 6**	**1**
	R L	R L R L	R L	R
	0 0	**T T T T**	**0 0**	**1**
Variation 8	R L	R L R L	R L	R
	0 0	**1 2 3 4**	**3 4**	**1**
	R L	R L R L	R L	R
	0 0	**T T T T**	**0 0**	**1**
Variation 9	R L	R L R L	R L	R L R L
	0 0	**1 2 3 4**	**3 4**	**7 6 5 4**
	R L	R L R L	R L	R
	0 0	**T T T T**	**0 0**	**1**
Variation 10	R L	R L R L	R L	R L R L
	0 0	**7 6 5 4**	**5 6**	**1 2 3 4**
	R L	R L R L	R L	R
	0 0	**T T T T**	**0 0**	**1**

ÜBUNGSSEQUENZ 6

VIDEO
11

Bei dieser Übung wird ein einfacher, aber sehr schöner Groove, der von vielen Trommelstilen bekannt ist, auf unterschiedlichste Weise variiert.

Thema	R R L R R R R L R R **0 T T 0 1 0 T T 0 1**
Variation 1	R R L R R R R L R R **0 7 6 0 1 0 7 6 0 1** R R L R R R R L R R **0 T T 0 1 0 T T 0 1**
Variation 2	R R L R R R R L R R **0 5 4 0 1 0 5 4 0 1** R R L R R R R L R R **0 T T 0 1 0 T T 0 1**
Variation 3	R R L R R R R L R R **0 7 6 0 1 0 5 4 0 1** R R L R R R R L R R **0 T T 0 1 0 T T 0 1**
Variation 4	R R L R R R R L R R **0 5 6 0 7 0 7 6 0 5** R R L R R R R L R R **0 T T 0 1 0 T T 0 1**

Variation 5	R R L / R R / R R L / R R **0 5 4 / 0 5 / 0 7 6 / 0 1** R R L / R R / R R L / R R **0 T T / 0 1 / 0 T T / 0 1**
Variation 6	R R L / R R / R R L / R R **0 5 4 / 5 7 / 0 5 4 / 5 3** R R L / R R / R R L / R R **0 T T / 0 1 / 0 T T / 0 1**
Variation 7	R R L / R L / R R L / R R **0 5 4 / 3 2 / 0 3 2 / 1 1** R R L / R R / R R L / R R **0 T T / 0 1 / 0 T T / 0 1**
Variation 8	R R L / R R / R R L / R R **0 5 4 / 5 5 / 0 3 2 / 1 1** R R L / R R / R R L / R R **0 T T / 0 1 / 0 T T / 0 1**
Variation 9	R R L / R R / R R L / R R **0 7 6 / 5 5 / 0 5 4 / 3 3** R R L / R R / R R L / R R **0 T T / 0 1 / 0 T T / 0 1**
Variation 10	R R L / R R / R R L / R R **0 3 4 / 5 5 / 0 5 6 / 7 7** R R L / R R / R R L / R R **0 T T / 0 1 / 0 T T / 0 1**

VIDEO
12

ÜBUNGSSEQUENZ 7

Bei dieser Übung wird wieder ein interessanter Groove mit drei schnellen Tak-Schlägen und drei schnellen Schlägen am 1. Tonfeld kreativ variiert.

Thema	R	R	R	L	R	R	R	L	R	R
	0	**0**	**T**	**T**	**T**	**0**	**1**	**1**	**1**	**1**
Variation 1	R	R	R	L	R	R	R	L	R	R
	0	**0**	**5**	**6**	**7**	**0**	**1**	**1**	**1**	**1**
	R	R	R	L	R	R	R	L	R	R
	0	**0**	**T**	**T**	**T**	**0**	**1**	**1**	**1**	**1**
Variation 2	R	R	R	L	R	R	R	L	R	R
	0	**0**	**5**	**4**	**3**	**0**	**1**	**1**	**1**	**1**
	R	R	R	L	R	R	R	L	R	R
	0	**0**	**T**	**T**	**T**	**0**	**1**	**1**	**1**	**1**
Variation 3	R	R	R	L	R	R	R	L	R	R
	0	**0**	**5**	**6**	**7**	**0**	**5**	**4**	**3**	**1**
	R	R	R	L	R	R	R	L	R	R
	0	**0**	**T**	**T**	**T**	**0**	**1**	**1**	**1**	**1**
Variation 4	R	R	R	L	R	R	R	L	R	R
	0	**0**	**1**	**2**	**3**	**0**	**1**	**2**	**1**	**1**
	R	R	R	L	R	R	R	L	R	R
	0	**0**	**T**	**T**	**T**	**0**	**1**	**1**	**1**	**1**

Variation 5	R R R L R R R L R R 0 0 3 2 1 0 3 2 1 1 R R R L R R R L R R 0 0 T T T 0 1 1 1 1
Variation 6	R R R L R R R L R R 0 0 3 4 5 0 3 4 5 5 R R R L R R R L R R 0 0 T T T 0 1 1 1 1
Variation 7	R R R L R R R L R R 0 0 5 4 5 0 5 4 5 7 R R R L R R R L R R 0 0 T T T 0 1 1 1 1
Variation 8	R R R L R R R L R R 0 0 7 6 5 0 7 6 5 7 R R R L R R R L R R 0 0 T T T 0 1 1 1 1
Variation 9	R R R L R R R L R R 0 0 7 6 5 0 5 4 3 1 R R R L R R R L R R 0 0 T T T 0 1 1 1 1
Variation 10	R R R L R R R L R R 0 0 1 2 3 3 5 6 7 7 R R R L R R R L R R 0 0 T T T 0 1 1 1 1

ÜBUNGSSEQUENZ 8

Bei dieser Übung gibt es eine Dreierabfolge (0 T T), die erst mit RLR und dann mit LRL gespielt wird.

Thema	R	L	R	L	R	L	R
	0	**T**	**T**	**0**	**T**	**T**	**1**
Variation 1	R	L	R	L	R	L	R
	0	**4**	**5**	**0**	**T**	**T**	**1**
	R	L	R	L	R	L	R
	0	**T**	**T**	**0**	**T**	**T**	**1**
Variation 2	R	L	R	L	R	L	R
	0	**2**	**3**	**0**	**T**	**T**	**1**
	R	L	R	L	R	L	R
	0	**T**	**T**	**0**	**T**	**T**	**1**
Variation 3	R	L	R	L	R	L	R
	0	**4**	**5**	**0**	**7**	**6**	**1**
	R	L	R	L	R	L	R
	0	**T**	**T**	**0**	**T**	**T**	**1**
Variation 4	R	L	R	L	R	L	R
	0	**2**	**3**	**0**	**5**	**4**	**1**
	R	L	R	L	R	L	R
	0	**T**	**T**	**0**	**T**	**T**	**1**
Variation 5	R	L	R	L	R	L	R
	0	**4**	**7**	**0**	**5**	**6**	**1**
	R	L	R	L	R	L	R
	0	**T**	**T**	**0**	**T**	**T**	**1**

Variation 6	R	L	R	L	R	L	R
	0	2	5	0	3	4	1
	R	L	R	L	R	L	R
	0	T	T	0	T	T	1
Variation 7	R	L	R	L	R	L	R
	0	4	5	6	5	4	1
	R	L	R	L	R	L	R
	0	T	T	0	T	T	1
Variation 8	R	L	R	L	R	L	R
	0	2	3	4	3	2	1
	R	L	R	L	R	L	R
	0	T	T	0	T	T	1
Variation 9	R	L	R	L	R	L	R
	0	2	3	4	5	6	7
	R	L	R	L	R	L	R
	0	T	T	0	T	T	1
Variation 10	R	L	R	L	R	L	R
	0	6	5	4	3	2	1
	R	L	R	L	R	L	R
	0	T	T	0	T	T	1

ÜBUNGSSEQUENZ 9

Die folgende Übung ist im 3/4-Takt. Es gibt nicht mehr 16 Pulsationen, sondern 12, die in drei 4er-Einheiten unterteilt sind.

	1	2	3	4	5	6	7	8	9	10	11	12
Thema	R		L		R		L		R			
	0		**0**		**T**		**T**		**1**			
Variation 1	R		L		R		L		R			
	0		**0**		**5**		**4**		**1**			
	R		L		R		L		R			
	0		**0**		**T**		**T**		**1**			
Variation 2	R		L		R		L		R			
	0		**0**		**3**		**4**		**1**			
	R		L		R		L		R			
	0		**0**		**T**		**T**		**1**			
Variation 3	R		L		R		L		R			
	7		**6**		**0**		**0**		**1**			
	R		L		R		L		R			
	0		**0**		**T**		**T**		**1**			
Variation 4	R		L		R		L		R			
	5		**6**		**0**		**0**		**1**			
	R		L		R		L		R			
	0		**0**		**T**		**T**		**1**			

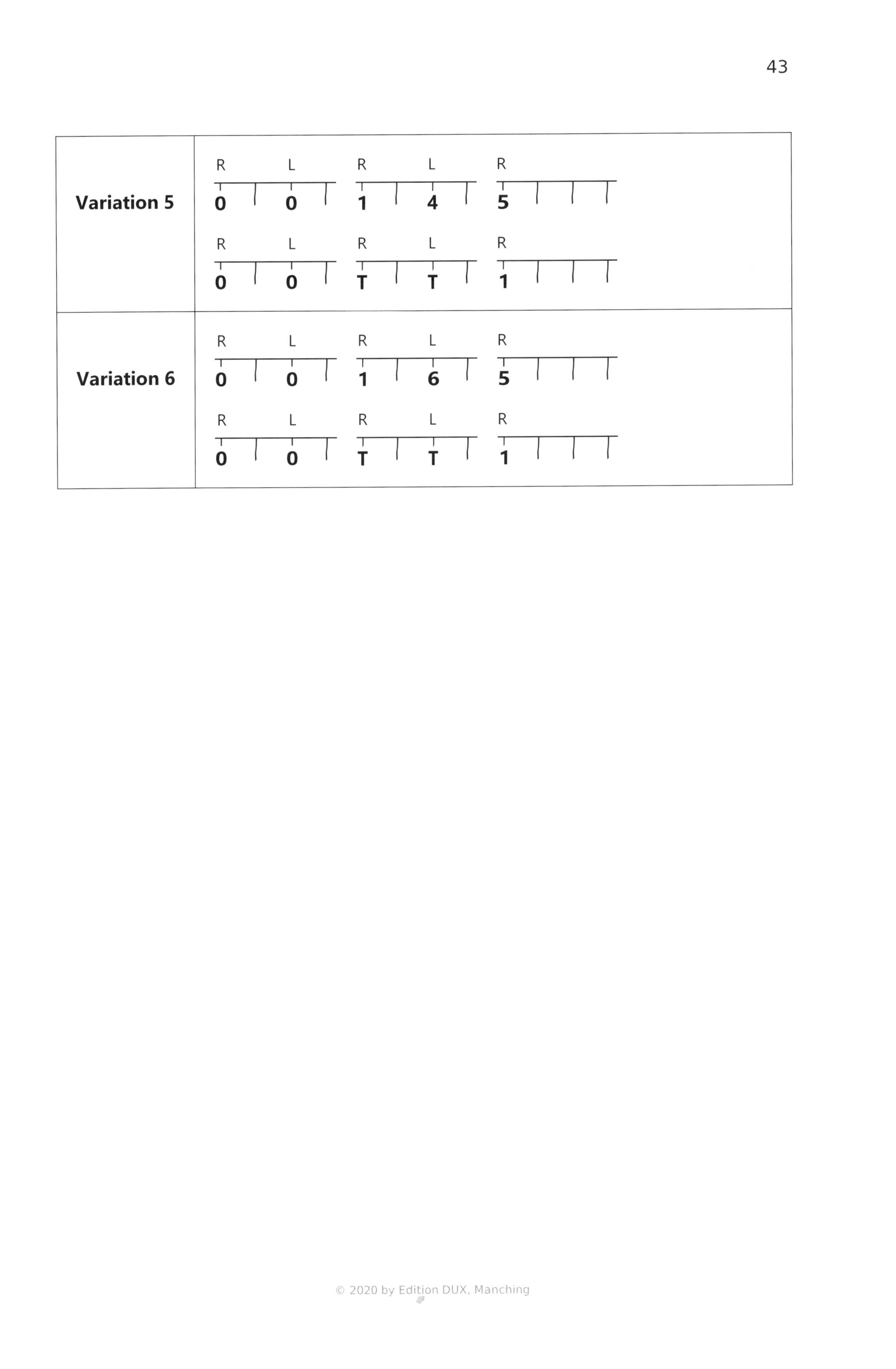

Variation 5	R L R L R **0 0 1 4 5** R L R L R **0 0 T T 1**
Variation 6	R L R L R **0 0 1 6 5** R L R L R **0 0 T T 1**

ÜBUNGSSEQUENZ 10

VIDEO
15

Die letzte Übungssequenz ist nun ein 6/8-Takt.
Es gibt wieder 12 Pulsationen, die in aber in vier 3er-Einheiten unterteilt sind.

Thema	R L R L R L R **0 T T T 0 0 1**
Variation 1	R L R L R L R **0 4 5 T 0 0 1** R L R L R L R **0 T T T 0 0 1**
Variation 2	R L R L R L R **0 6 7 T 0 0 1** R L R L R L R **0 T T T 0 0 1**
Variation 3	R L R L R L R **0 4 5 6 0 0 1** R L R L R L R **0 T T T 0 0 1**
Variation 4	R L R L R L R **0 4 7 6 0 0 1** R L R L R L R **0 T T T 0 0 1**

Variation 5	R L R L R L R **0 1 1 T 0 4 5** R L R L R L R **0 T T T 0 0 1**
Variation 6	R L R L R L R **0 1 1 T 0 6 5** R L R L R L R **0 T T T 0 0 1**
Variation 7	R L R L R L R **0 6 7 6 5 4 5** R L R L R L R **0 T T T 0 0 1**
Variation 8	R L R L R L R **0 4 3 4 3 2 1** R L R L R L R **0 T T T 0 0 1**

4. DER SEITENWECHSEL

Manchmal ist es sinnvoll oder notwendig, mit einer Hand die Tonfelder der gegenüberliegenden Seite anzuschlagen. Hierbei müssen die Hände recht weite Wege zurücklegen. Folgende Übungen dienen dazu, etwas flexibler am Instrument zu werden und auch weitere Wege schneller durchführen zu können.
Achte dabei bitte darauf, dass die Sounds gut sind und die Tonfelder auch mit überkreuzter Spieltechnik schön angeschlagen werden und sauber klingen.

Übungen mit Doppelschlägen:

	R	L	R	L	R	L	R	L
1	**0**	**0**	**1**	**1**	**0**	**0**	**2**	**2**
	R	L	R	L	R	L	R	L
	0	**0**	**3**	**3**	**0**	**0**	**4**	**4**
	R	L	R	L	R	L	R	L
	0	**0**	**5**	**5**	**0**	**0**	**6**	**6**
	R	L	R	L	R	L	R	L
	0	**0**	**7**	**7**	**0**	**0**	**8**	**8**
							(**6**)	(**6**)
	R	L	R	L	R	L	R	L
2	**0**	**0**	**8**	**8**	**0**	**0**	**7**	**7**
			(**6**)	(**6**)				
	R	L	R	L	R	L	R	L
	0	**0**	**6**	**6**	**0**	**0**	**5**	**5**
	R	L	R	L	R	L	R	L
	0	**0**	**4**	**4**	**0**	**0**	**3**	**3**
	R	L	R	L	R	L	R	L
	0	**0**	**2**	**2**	**0**	**0**	**1**	**1**

3	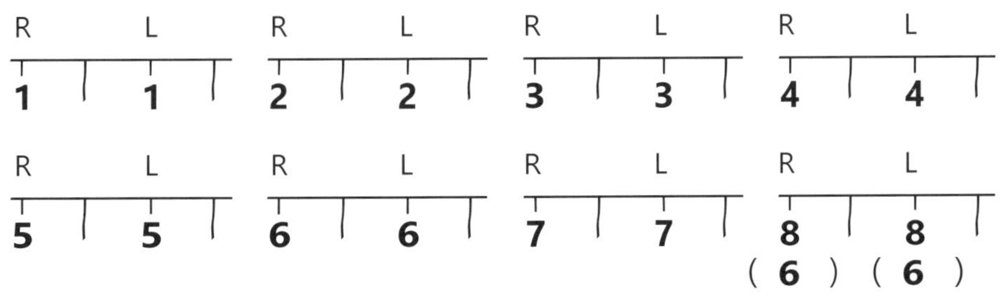 R L R L R L R L 1 1 2 2 3 3 4 4 R L R L R L R L 5 5 6 6 7 7 8 8 (6) (6)
4	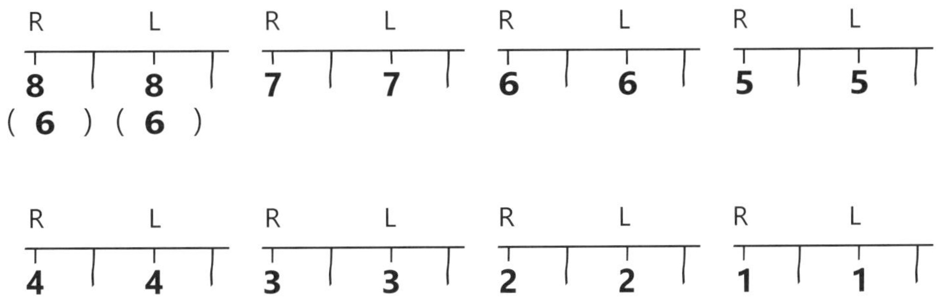 R L R L R L R L 8 8 7 7 6 6 5 5 (6) (6) R L R L R L R L 4 4 3 3 2 2 1 1

Übungen für die rechte Hand:

1	R R L R R R R L R R **0 T T 0 1 0 T T 0 2** R R L R R R R L R R **0 T T 0 3 0 T T 0 4** R R L R R R R L R R **0 T T 0 5 0 T T 0 6** R R L R R R R L R R **0 T T 0 7 0 T T 0 8** **(6)**
2	R R L R R R R L R R **0 T T 0 8 0 T T 0 7** **(6)** R R L R R R R L R R **0 T T 0 6 0 T T 0 5** R R L R R R R L R R **0 T T 0 4 0 T T 0 3** R R L R R R R L R R **0 T T 0 2 0 T T 0 1**

Übungen für die linke Hand:

1	R L R L R L R L **T 0 0 1 T 0 0 2** R L R L R L R L **T 0 0 3 T 0 0 4** R L R L R L R L **T 0 0 5 T 0 0 6** R L R L R L R L **T 0 0 7 T 0 0 8** **(6)**
2	R L R L R L R L **T 0 0 8 T 0 0 7** **(6)** R L R L R L R L **T 0 0 6 T 0 0 5** R L R L R L R L **T 0 0 4 T 0 0 3** R L R L R L R L **T 0 0 2 T 0 0 1**

Der Seitenwechsel kann auch beim Übungsstück „Inner Voice“ trainiert werden.

5. AFRO-GROOVES

Hier einige afrikanische Djembe-Rhythmen mit einigen Variationen am Handpan.

Afro-Groove 1	R		R	L		L	R		R		R	L		L	R	
	0		**T**	**T**		**0**	**T**		**0**		**T**	**T**		**0**	**T**	
Variation 1	R		R	L		L	R		R		R	L		L	R	L
	0		**T**	**T**		**0**	**5**		**0**		**T**	**T**		**0**	**5**	**6**
Variation 2	R		R	L		L	R		R		R	L		L	R	L
	0		**T**	**T**		**0**	**5**		**0**		**T**	**T**		**0**	**5**	**4**
Variation 3	R		R	L		L	R		R		R	L		L	R	
	0		**7**	**6**		**0**	**1**		**0**		**5**	**4**		**0**	**1**	

Afro-Groove 2	R			L	R		R	L	R			L	R		R	L
	T			**T**	**T**		**0**	**0**	**T**			**T**	**T**		**0**	**0**
Variation 1	R			L	R		R	L	R			L	R		R	L
	7			**6**	**5**		**0**	**0**	**T**			**T**	**T**		**0**	**0**
Variation 2	R			L	R		R	L	R			L	R		R	L
	5			**4**	**3**		**0**	**0**	**T**			**T**	**T**		**0**	**0**
Variation 3	R			L	R		R	L	R			L	R		R	L
	3			**T**	**T**		**1**	**2**	**3**			**T**	**T**		**5**	**4**

Afro-Groove 3	R R L | R L | R R L | R L **0 T T | T T | 0 T T | T T**
Variation 1	R R L | R L | R R L | R L **0 T T | 7 6 | 0 T T | 5 4**
Variation 2	R R L | R L | R R L | R L **0 T T | T T | 0 7 6 | 5 4**
Variation 3	R R L | R L | R R L | R L **1 T T | 5 4 | 3 T T | 5 4**

6. ORIENTALISCHE GROOVES

Hier einige orientalische Grooves mit Variationen am Handpan.

Orient-Groove 1	R	R	R	L	R	R	R	L	R	R	L		
	0	**0**	**T**	**T**	**T**	**0**	**T**	**T**	**T**	**T**	**T**		
Variation 1	R	R	R	L	R	R	R	L	R	R	L		
	0	**0**	**1**	**2**	**3**	**0**	**1**	**2**	**3**	**1**	**4**		
Variation 2	R	R	R	L	R	R	R	L	R	R	L		
	0	**0**	**1**	**2**	**3**	**0**	**3**	**4**	**5**	**5**	**6**		
Variation 3	R	R	R	L	R	R	R	L	R	R	L		
	0	**0**	**7**	**6**	**5**	**0**	**5**	**6**	**7**	**7**	**8** (**6**)		

Orient-Groove 1 mit anderem Handsatz:

Orient-Groove 1	R		R		L	L	R		R		L	L	R		L	L
	0		0		T	T	T		0		T	T	T		T	T
Variation 1	R		R		L	L	R		R		L	L	R		L	L
	0		0		6	6	5		0		6	6	3		6	6

Orient-Groove 2	R			L	R		R		R			L	R		R	
	0			T	0		T		0			T	0		T	
Variation 1	R			L	R		R		R			L	R		R	
	0			T	0		1		0			T	0		2	
Variation 2	R			L	R		R		R			L	R		R	L
	0			T	0		1		0			T	0		5	4
Variation 3	R			L	R		R		R			L	R		R	
	0			6	0		7		0			4	0		5	

Afrikanische und orientalische Rhythmus-Patterns können auch beim Übungsstück „New Beginning" trainiert werden.

7. ROCK- UND POP-GROOVES

Hier einige Rock-Grooves mit Variationen am Handpan:

	R				R				R		L		R			
Rock-Groove 1	0	|	|	|	T	|	|	|	0	|	0	|	T	|	|	|

Bei folgenden Variationen werden Schläge des Grund-Grooves mit Schlägen auf den Tonfeldern ausgetauscht.

	R				R				R		L		R			
Variation 1	0	|	|	|	7	|	|	|	5	|	6	|	7	|	|	|
	R				R				R		L		R			
Variation 2	0	|	|	|	5	|	|	|	1	|	4	|	5	|	|	|
	R				R				R		L		R			
Variation 3	0	|	|	|	5	|	|	|	7	|	6	|	5	|	|	|
	R				R				R		L		R			
Variation 4	0	|	|	|	5	|	|	|	1	|	1	|	4	|	|	|

Bei den nächsten Variationen werden die Schläge des Grund-Grooves mit Schlägen auf den Tonfeldern ergänzt:

Variation 1	R				R				R		L		R		L	
	0				**T**				**0**		**0**		**T**		**6**	
Variation 2	R				R		L		R		L		R		L	
	0				**T**		**1**		**0**		**0**		**T**		**6**	
Variation 3	R		L		R		L		R		L		R		L	
	0		**1**		**T**		**1**		**0**		**0**		**T**		**6**	
Variation 4	R		L		R		L		R		L		R		L	
	0		**6**		**T**		**4**		**0**		**0**		**T**		**6**	

Bei den nächsten Variationen werden nun die Schläge des Grund-Grooves manchmal ausgetauscht und zusätzllich mit Schlägen auf den Tonfeldern ergänzt:

Variation 1	R				R				R		L		R		L	
	0				**T**				**0**		**0**		**5**		**6**	
Variation 2	R				R				R		L		R		R	L
	0				**T**				**0**		**0**		**T**		**5**	**6**
Variation 3	R		L		R		L		R		L		R		L	
	0		**1**		**T**		**1**		**0**		**0**		**5**		**6**	
Variation 4	R		L		R		L		R		L		R		L	
	0		**6**		**5**		**4**		**0**		**0**		**5**		**6**	

Rock-Groove 2	R R L R R **0 T 0 0 T**

Bei den nächsten Variationen werden nun die Schläge des Grund-Grooves ausgetauscht oder zusätzlich mit Schlägen auf den Tonfeldern ergänzt:

Variation 1	R R L R R **0 T 0 0 5**
Variation 2	R R L R L R **0 T 0 0 4 5**
Variation 3	R R L R L R L **0 T 0 0 4 T 6**
Variation 4	R R L R L R L **0 T 0 0 4 5 6**
Variation 5	R R L R L R L **0 1 0 0 4 3 2**
Variation 6	R R L R L R L **0 T 0 0 4 5 6**

8. DAS SPIEL MIT TAPS

Das Spiel mit Taps ist eine Technik, die am Handpan sehr gut funktioniert und so manche Rhythmen richtig zum Grooven bringen kann.
Diese Spieltechnik ist bei vielen Handtrommeln wie Djemben, Congas und Rahmentrommeln üblich.
Taps sind ganz sanft gespielte und leise klingende Schläge an den nicht klingenden Teilen zwischen den Tonfeldern. Am besten spielt man sie zwischen dem zentralen Ton und den äußeren Tonfeldern.
Bei den folgenden Beispielen dienen die Taps dazu, einen permanenten „Flow" mit den Händen zu erzeugen. Die Hände bewegen sich permanent auf und ab und rechts und links wird immer abgewechselt. Schwierig dabei ist es, die Taps sehr leise zu spielen und die anderen Schläge wie Bass und Tak normal laut zu spielen.

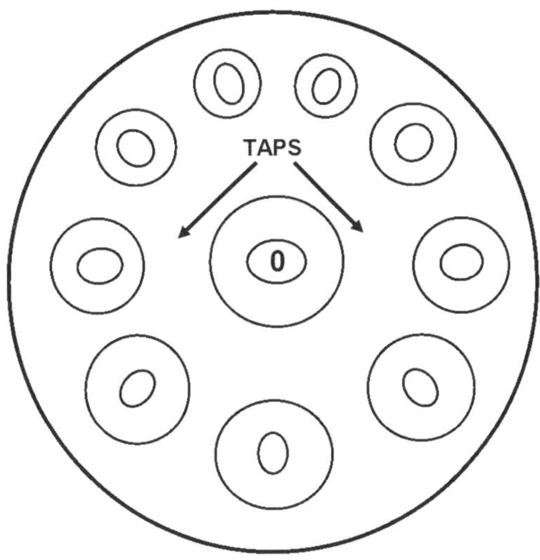

Das Symbol für die Taps ist ein Strich: **-**

Grundübung langsam	R L R L R L R L **0 - - - 0 - - -**
Grundübung schnell	R L R L R L R L R L R L R L R L **0 - - - 0 - - - 0 - - - 0 - - -**

Auf diese Art kann man sehr gut Rock-, Pop-, Funk- und Hip-Hop-Grooves spielen.

Rock-Grooves mit langsamen Taps

	R	L	R	L	R	L	R	L
Rock 1	0	–	T	–	0	–	T	–
Rock 2	0	–	T	–	0	0	T	–
Rock 3	0	–	T	0	0	–	T	–
Rock 4	0	–	T	–	0	0	T	0
Rock 5	0	0	T	0	0	–	T	–

Langsame Fill-Ins

Spiele nun 3-mal einen der oberen Rhythmen und füge dann einen der folgenden Fills ein. Achtung: Die erste Hälfte des Grooves ist hier beispielhaft notiert. Es sollte der jeweilige Groove bis zum Fill weitergespielt werden.

	R	L	R	L	R	L	R	L
Fill 1	0	–	T	–	7	6	5	4
Fill 2	0	–	T	–	1	2	3	4
Fill 3	0	–	T	4	5	6	5	4
Fill 4	0	–	T	–	7	–	5	6

VIDEO **20**

Rock-Grooves mit schnellen Taps

Rock 1	R	L	R	L	R	L	R	L	R	L	R	L	R	L	R	L
	0	–	–	–	T	–	–	–	0	–	–	–	T	–	–	–
Rock 2	R	L	R	L	R	L	R	L	R	L	R	L	R	L	R	L
	0	–	–	–	T	–	–	–	0	–	0	–	T	–	–	–
Rock 3	R	L	R	L	R	L	R	L	R	L	R	L	R	L	R	L
	0	–	–	–	T	–	0	–	0	–	–	–	T	–	–	–
Rock 4	R	L	R	L	R	L	R	L	R	L	R	L	R	L	R	L
	0	–	–	–	T	–	–	–	0	–	0	–	T	–	0	–
Rock 5	R	L	R	L	R	L	R	L	R	L	R	L	R	L	R	L
	0	–	0	–	T	–	0	–	0	–	–	–	T	–	–	–

Schnelle Fill-Ins

Spiele nun 3-mal einen der oberen Rhythmen und füge dann einen der folgenden Fills ein. Achtung: Auch hier ist die erste Hälfte des Grooves nur beispielhaft notiert. Es sollte der jeweilige Groove bis zum Fill weitergespielt werden.

Fill 1	R	L	R	L	R	L	R	L	R	L	R	L	R	L	R	L
	0	–	–	–	T	–	–	–	0	–	–	–	7	6	5	4
Fill 2	R	L	R	L	R	L	R	L	R	L	R	L	R	L	R	L
	0	–	–	–	T	–	–	–	0	–	7	6	5	4	3	2
Fill 3	R	L	R	L	R	L	R	L	R	L	R	L	R	L	R	L
	0	–	–	–	T	–	–	–	7	6	5	4	3	2	1	1
Fill 4	R	L	R	L	R	L	R	L	R	L	R		L	R	L	
	0	–	–	–	T	–	–	–	7	6	5		6	5	4	

9. HIP-HOP-GROOVES

Mithilfe von Taps lassen sich sehr schöne Hip-Hop-Grooves basteln. Achtung: Die folgenden Übungen sind schon sehr knifflig!!!

Hip-Hop 1	R L R L R L R L R L R L R L R L **0 – – – T – – – – – 0 – T – – 0**
Hip-Hop 2	R L R L R L R L R L R L R L R L **0 – – 0 T – 0 – – – 0 – T – – –**
Hip-Hop 3	R L R L R L R L R L R L R L R L **0 – – – T – – 0 – – 0 – T – 0 –**
Hip-Hop 4	R L R L R L R L R L R L R L R L **0 – – – T – – 0 0 – 0 – T – 0 –**
Hip-Hop 5	R L R L R L R L R L R L R L R L **0 – – – T – – 0 – 0 0 – T – – –**
Hip-Hop 6	R L R L R L R L R L R L R L R L **0 – – 0 T – – T – – 0 – T – 0 –**
Hip-Hop 7	R L R L R L R L R L R L R L R L **0 – – T – T – T 0 – 0 – T – 0 –**

Knifflige Fill-Ins

Spiele nun 3-mal einen der oberen Rhythmen und füge dann einen der folgenden Fills ein. Achtung: Auch hier ist die erste Hälfte des Grooves nur beispielhaft notiert. Es sollte der jeweilige Groove bis zum Fill weitergespielt werden.

Fill 1	R L R L R L R L R L R L R **0 – – – T – – – 7 6 5 4 3**
Fill 2	R L R L R L R L R L R L L **0 – – – T – – – 7 6 5 4 4**
Fill 3	R L R L R L R L R L R L R L **0 – – – T – – – 1 2 3 4 5 6**
Fill 4	R L R L R L R L R R L L L **0 – – – T – – – 7 5 6 6 6**

10. DOPPELSCHLÄGE

Wenn eine Hand zwei Schläge hintereinander ausführt, wird dies als Doppelschlag bezeichnet. Egal ob die Hand zwei Mal das gleiche Tonfeld oder zwei unterschiedliche Tonfelder anschlägt.

Zum Spielen von Doppelschlägen gibt es ein paar spezielle Techniken. Es ist etwas anstrengend, wenn man zwei schnelle Schläge hintereinander mit einer Hand ausführen muss. Daher nutzen wir hierbei die Beweglichkeit unserer Hand aus und teilen die Hand in zwei Bewegungselemente auf. Im Englischen wird dies auch als Splithand-Technik bezeichnet.

Dies kann einerseits eine Aufteilung in Zeigefinger und Ringfinger sein oder in der nun behandelten Variante Zeigefinger und Daumen.

Doppelschläge mit Daumen und Zeigefinger

Da wir bis jetzt bereits eine Schlagtechnik erlernt haben, wo wir die Tonfelder 1 - 3 mit dem Daumen und 4 - 9 mit dem Zeigefinger gespielt haben, können wir als erstes die Splithand-Technik wie folgt üben:

LD = Daumen der linken Hand
LZ = Zeigefinger der linken Hand
RD = Daumen der rechten Hand
RZ = Zeigefinger der rechten Hand

Grundübung langsam	LD LZ LD LZ LD LZ LD LZ **2 4 2 4 2 4 2 4**
Grundübung schnell	LD LZ LD LZ LD LZ LD LZ LD LZ LD LZ LD LZ LD LZ **2 4 2 4 2 4 2 4 2 4 2 4 2 4 2 4**

Grundübung langsam	RD RZ RD RZ RD RZ RD RZ **3 5 3 5 3 5 3 5**
Grundübung schnell	RD RZ RD RZ RD RZ RD RZ RD RZ RD RZ RD RZ RD RZ **3 5 3 5 3 5 3 5 3 5 3 5 3 5 3 5**

Bitte achte darauf, dass diese vier Bewegungen

1. Daumen heben
2. Daumenschlag
3. Zeigefinger heben
4. Zeigefingerschlag

immer mehr zu zwei fließenden Bewegungen verkürzt werden.

1. Daumenschlag: Hierbei geht der Zeigefinger bereits in Stellung.
2. Zeigefingerschlag: Hierbei hebt sich bereits der Daumen zum nächsten Schlag.

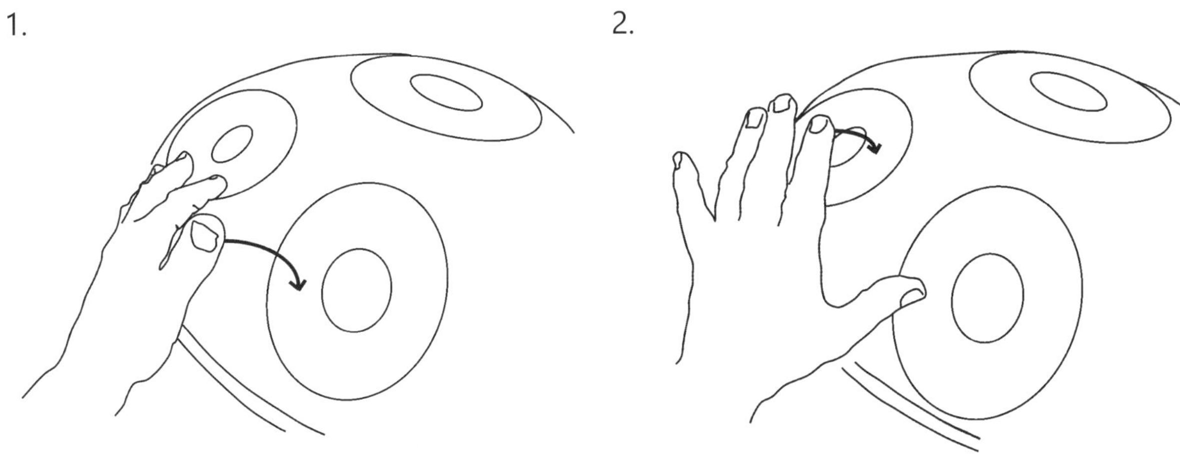

Nun können wir diese Doppelschläge mit Daumen und Zeigefinger in ein paar schöne Melodieabfolgen einbauen.

Melodieabfolge 1:

Die folgenden Übungen können einzeln geübt werden oder der Seitenwechsel kann auch fließend geschehen. Im Videobeispiel wird jede Seite zwei Mal gespielt.

1	LD 2, LZ 4, RZ 6, LD 2, LZ 4, RZ 6, LD 2, RZ 6
2	RD 3, RZ 5, LZ 7, RD 3, RZ 5, LZ 7, RD 3, LZ 7

Übung mit 3er-Einheiten:

1	LD LZ RZ 2 4 6 · LD LZ RZ 2 4 6 · LD LZ RZ 2 4 6 · LD LZ RZ 2 4 6
2	RD RZ LZ 3 5 7 · RD RZ LZ 3 5 7 · RD RZ LZ 3 5 7 · RD RZ LZ 3 5 7

Ein einfaches Rhythmus-Pattern:

1	LD 2, LZ 4 · LD LZ RZ 2 4 6 · LD 2, LZ 4 · LD LZ RZ 2 4 6
2	RD 3, RZ 5 · RD RZ LZ 3 5 7 · RD 3, RZ 5 · RD RZ LZ 3 5 7

Mit einem Ton mehr:

1	LD LZ RZ 2 4 6 · LD LZ RZ 2 4 7 · LD LZ RZ 2 4 6 · LD LZ RZ 2 4 7
2	RD RZ LZ 3 5 7 · RD RZ LZ 3 5 8 · RD RZ LZ 3 5 7 · RD RZ LZ 3 5 8

Umschichtungen:

1	RZ LZ LD RZ LZ LD RZ LD **6 4 2 6 4 2 6 2** LZ RZ RD LZ RZ RD LZ RD **7 5 3 7 5 3 7 3**
2	LD RZ LZ LD RZ LZ LD LZ **2 6 4 2 6 4 2 4** RD LZ RZ RD LZ RZ RD RZ **3 7 5 3 7 5 3 5**
3	Hier gibt es zwischen dem Doppelschlag 2 - 4 eine eingeschobene 1. LD RD LZ RZ LD RD LZ RZ **2 1 4 6 2 1 4 6** RD LD RZ LZ RD LD RZ LZ **3 1 5 7 3 1 5 7**

Ineinandergreifende Doppelschläge:

Hier noch ein paar Beispiele für ineinandergreifende Doppelschläge. Zur besseren Sichtbarkeit werden hier die Töne auf unterschiedlichen Ebenen dargestellt.

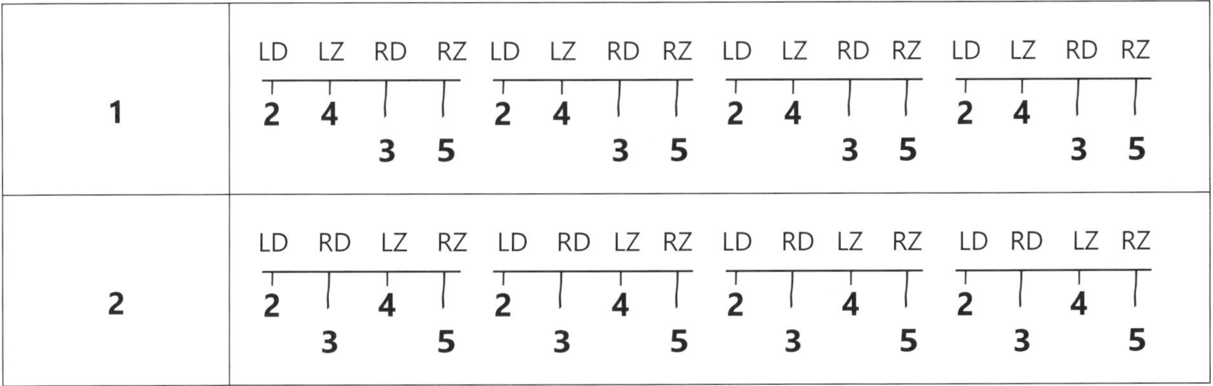

1	LD LZ RD RZ LD LZ RD RZ LD LZ RD RZ LD LZ RD RZ **2 4 2 4 2 4 2 4** **3 5 3 5 3 5 3 5**
2	LD RD LZ RZ LD RD LZ RZ LD RD LZ RZ LD RD LZ RZ **2 4 2 4 2 4 2 4** **3 5 3 5 3 5 3 5**

11. UNABHÄNGIGKEITSÜBUNGEN

Wie bei vielen anderen Perkussionsinstrumenten ist auch beim Handpanspiel eine gewisse Unabhängigkeit zwischen linker und rechter Hand sehr hilfreich, um bestimmte Grooves spielen zu können.

Bei den nächsten Übungen geht es darum, dass eine Hand einen Rhythmus kontinuierlich spielt und die andere Hand unterschiedliche Rhythmus-Pattern darüber spielt.

Rechte Hand spielt immer die Abfolge 0 und 1.

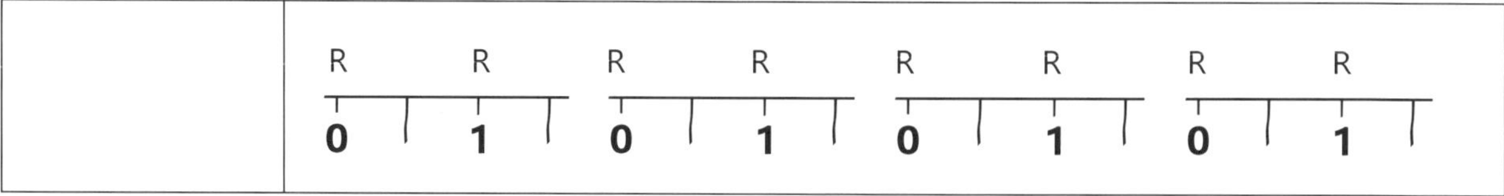

Die Linke variiert mit Ton 4 oder anderen auf der linken Seite des Instruments.
Bei der 1. Übung werden die Klangfelder 0 und 4 gleichzeitig angeschlagen, bei der 3. Übung werden die Klangfelder 1 und 4 gleichzeitig angeschlagen.
Für die leichtere Lesbarkeit werden die zwei Hände auf zwei unterschiedlichen Ebenen aufgezeichnet.

VIDEO
23

1	R/L R R R R/L R R R **0 1 0 1 0 1 0 1** **4 4**
2	R L R R R R L R R R **0 1 0 1 0 1 0 1** **4 4**
3	R R/L R R R R/L R R **0 1 0 1 0 1 0 1** **4 4**
4	R R L R R R R L R R **0 1 0 1 0 1 0 1** **4 4**
5	R L R R/L R R L R R/L R **0 1 0 1 0 1 0 1** **4 4 4 4**
6	R L R L R R R L R L R R **0 1 0 1 0 1 0 1** **4 4 4 4**

Das geht natürlich auch seitenverkehrt:

Die linke Hand spielt immer die Abfolge 0 und 1.

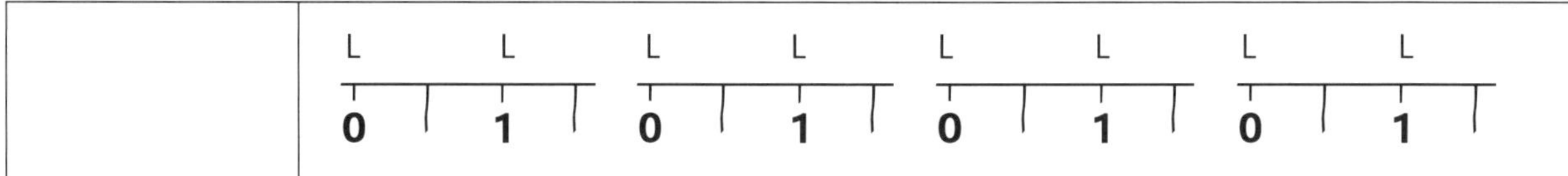

Die Rechte variiert mit Ton 5 oder anderen auf der rechten Seite des Instruments.

1	L/R L L/R L L/R L L L **0 1 0 1 0 1 0 1** **5 5 5**
2	L R L L R L L R L L L **0 1 0 1 0 1 0 1** **5 5 5**
3	L L/R L L/R L L/R L L **0 1 0 1 0 1 0 1** **5 5 5**
4	L L R L L R L L R L L **0 1 0 1 0 1 0 1** **5 5 5**
5	L L R L L L/R L L L **0 1 0 1 0 1 0 1** **5 5**
6	L R L L L/R L L L L **0 1 0 1 0 1 0 1** **5 5**

Die Unabhängikeit von rechter und linker Hand kann auch mit dem Übungsstück „Ayina" trainiert werden.

12. AKKORDE SPIELEN

Akkorde werden dadurch gespielt, dass mehrere Tonfelder gleichzeitig angeschlagen werden.
Normalerweise werden Akkorde mit mindestens 3 Tönen (Dreiklang) erzeugt. Doch auch 2 gleichzeitig gespielte Töne (Zweiklänge) können bereits Akkordcharakter haben.

Jetzt könnten wir natürlich sehr tief in die Musiktheorie eintauchen und uns mit Moll- und Dur-Akkorden beschäftigen. Dies wäre jedoch für manche Leser überfordernd und für manche bereits in Musiktheorie versierte Leser langweilig.

Es wäre auch sehr schwierig, dies mithilfe meines Buchs zu erklären, da jeder Leser zum Üben der Praxisbeispiele ein anderes Instrument mit anderer Skala verwendet.

Daher behelfen wir uns weiterhin mit den einfachen Symbolen und nutzen den kreisrunden Aufbau des Instruments für einfache Übungen, die mit allen Skalen funktionieren.

Ein guter Start ist aber sicherlich, die Noten am eigenen Instrument kennenzulernen. Falls du noch nicht weißt, welche Töne auf deinem Instrument vorkommen, kannst du diese mit einem einfachen Gitarrenstimmgerät bestimmen (auch als Gratis-Handy-App).

Schreibe dir nun die Töne zu den passenden Zahlen auf:
Ein Instrument mit der Stimmung D-Kurd 9 hat z. B. folgende Töne:
(es wird die englische Schreibweise verwendet: B=H und Bb=B)

0	1	2	3	4	5	6	7	8	9
D	A	Bb	C	D	E	F	G	A	C

Weitere Skalen findest du im Anhang.
Viele Handpans sind so aufgebaut, dass zwischen dem zentralen Ton und dem 1. Ton eine Quint liegt, manchmal eine Terz, seltener eine Quart.

Weiters liegt zwischen zwei benachbarten Tönen meist eine Terz. Für uns bedeutet dies, dass 2 benachbarte Töne gleichzeitig angeschlagen meistens gut klingen!
Dies gilt für 2 und 4, 3 und 5, 4 und 6, 5 und 7, 6 und 8.

Achtung: Bei vielen Instrumenten gilt dies nicht für 1 und 2 oder für die zwei höchsten Töne. Diese liegen oft nur einen Ton oder gar einen Halbtonschritt auseinander. Das klingt meist etwas dissonant. Wer mehr über solche harmonikalen Zusammenhänge wissen möchte, kann sich gerne in die Musiktheorie einlesen. Es ist für die folgenden Übungen jedoch nicht nötig.

AKKORDÜBUNGEN

Zwei benachbarte Töne kannst du auf unterschiedlichste Weise anschlagen.

Variante 1: wie bei den überkreuzten Schlägen mit einer Hand, die zur anderen Instrumentenseite wechselt.

Variante 2: wie Variante 1, die Klangfelder werden aber mit der jeweils anderen Hand gespielt. Der Daumen wird für das jeweils obere Klangfeld genutzt.

Variante 3: bei tieferen Tönen möglich. Wie bei den Doppelschlägen mit Daumen und Zeigefinger einer Hand. Die Töne der rechten Seite mit der rechten Hand. Die Töne der linken Seite mit der linken Hand.

Variante 4: bei höheren Tönen möglich. Mit Daumen und Zeigefinger einer Hand, jedoch auf die andere Seite übergreifend. Die Töne der rechten Seite mit der linken Hand. Die Töne der linken Seite mit der rechten Hand.

Variante 1	LZ RD **5** **3**	LZ RD **5** **3**	LZ RD **5** **3**	RZ LD **4** **2**	RZ LD **4** **2**	RZ LD **4** **2**
Variante 2	RD LZ **5** **3**	RD LZ **5** **3**	RD LZ **5** **3**	LD RZ **4** **2**	LD RZ **4** **2**	LD RZ **4** **2**
Variante 3	RZ RD **5** **3**	RZ RD **5** **3**	RZ RD **5** **3**	LZ LD **4** **2**	LZ LD **4** **2**	LZ LD **4** **2**
Variante 4	LZ LD **7** **5**	LZ LD **7** **5**	LZ LD **7** **5**	RZ RD **6** **4**	RZ RD **6** **4**	RZ RD **6** **4**

VIDEO
24

Hier einige Grooves mit Akkorden ergänzt:

Übe unterschiedliche Handsätze und probiere am besten auch unterschiedliche Tonfeld-Kombinationen aus und achte darauf, was auf deinem Instrument gut klingt.

<table>
<tr><td>1</td><td>- R L R R
3 T 0 0 T
1
- R L R R
4 T 0 0 T
2
- R L R R
5 T 0 0 T
3
- R L R R
6 T 0 0 T
4</td></tr>
<tr><td>2</td><td>- R L R R - L R
5 T T T T 6 T T
3 4
- R L R R - L R
7 T T T T 4 T T
5 2</td></tr>
<tr><td>3</td><td>- L R R - L R
7 T 0 T 6 T T
5 4
- L R R - L R
7 T 0 T 4 T T
5 2</td></tr>
</table>

Akkorde können auch mit dem Übungsstück „Spread by the wind“ trainiert werden.

13. DER SLAP-SCHLAG

Neben dem Tak-Schlag am Rand des zentralen Tonfelds kann man auch einen zweiten sehr scharfen, perkussiven Klang am Instrument erzeugen.

Dieser sehr knackige Slapsound kann an allen nicht klingenden Teilen des Instruments gespielt werden. Einerseits im Bereich zwischen dem zentralen Tonfeld und den äußeren Tonfeldern oder im Bereich zwischen den äußeren Tonfeldern und dem Rand des Instruments.

Der Slap kann mit einem Finger (Zeige-, Mittel- oder Ringfinger), aber auch mit zwei oder drei Fingern gespielt werden. Eine einfache Variante ist es, Mittel-, Ring- und kleinen Finger als eine Schlageinheit zu nutzen (siehe Bild).

Die Finger treffen sehr schwungvoll an einem nicht klingenden Teil des Instruments auf und bleiben dort kurz liegen.

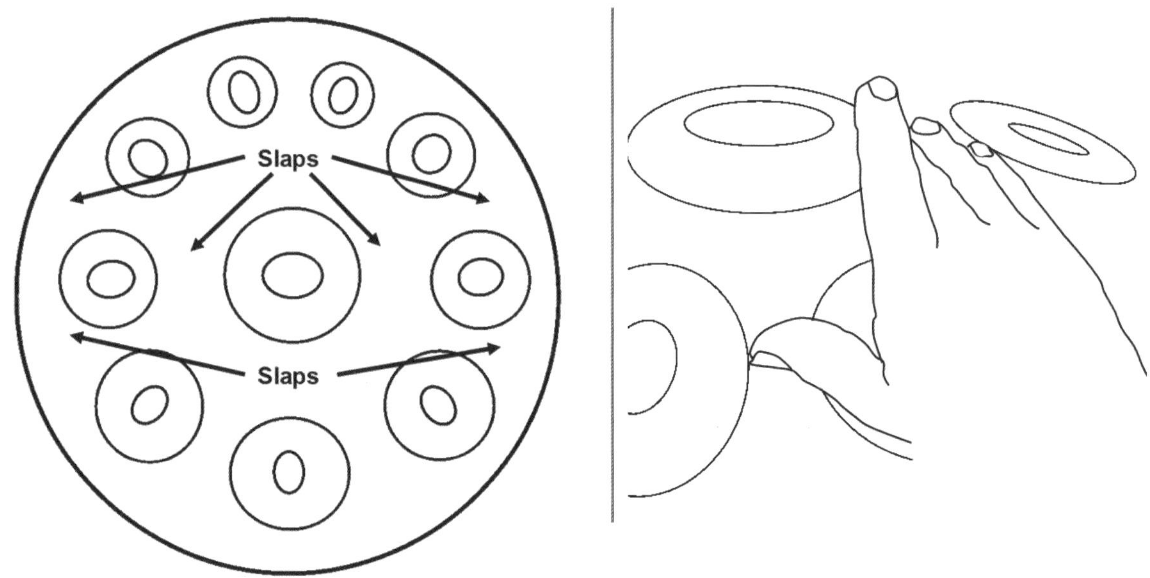

Das Symbol für den Slap-Schlag ist ein **X**.

Rhythmusübungen mit dem Slap:

Du kannst versuchen, die zehn Übungssequenzen von Kapitel 3 zu wiederholen und einfach die Tak-Schläge mit Slaps ersetzen.

z. B.

mit Tak	R R L R R R R L R R **0 T T 0 T 0 T T 0 T**
mit Slap	R R L R R R R L R R **0 x x 0 x 0 x x 0 x**

Der Rhythmus bleibt dadurch gleich. Die Slaps klingen aber noch etwas schärfer und knackiger als die Taks.
Sehr interessant klingen Slaps, wenn sie zu einem Groove an etwas unerwarteten Stellen eingefügt werden.

z. B.

1	R R L R R R R L R R **0 T T 0 T 0 T T 0 T**
2	R R L R R R L R L R R **0 T T 0 T 0 x T T 0 T**
3	R R L R R R R L R L R **0 T T 0 T 0 T T 0 x T**
4	R R L R R R R L R R L **0 T T 0 T 0 T T 0 T x**

VIDEO
25

Hier einige weitere Übungen mit Slap:

Nr.	1	2	3	4	5	6	7	8	9	10	11	12	13	14	15	16
1	R		L		R			L	R		L		R		R	
	0		**4**		**5**			**x**	**0**		**6**		**7**		**x**	
	R		L		R			L	R		R		L		R	
	0		**4**		**5**			**x**	**0**		**3**		**2**		**x**	
2	R		R		L		R		R		R	L	R		R	
	0		**1**		**4**		**x**		**0**		**5**	**4**	**5**		**x**	
	R		R		L		R		R		R	L	R		R	
	0		**1**		**6**		**x**		**0**		**5**	**4**	**3**		**x**	
3	R			L	R		R		L		R				R	
	0			**x**	**0**		**7**		**6**		**5**				**x**	
	R			L	R		L		L		R				R	
	0			**x**	**0**		**4**		**4**		**5**				**x**	
4	R	L	R	L		L		L	R	L	R	L			R	
	1	**2**	**3**	**4**		**x**		**x**	**5**	**4**	**3**	**4**			**x**	
	R	L	R	L		L		L	R		L		R		R	
	1	**2**	**3**	**4**		**x**		**x**	**5**		**6**		**5**		**x**	
5	R		R		R	L	R		R		R		R	L	R	
	0		**1**		**0**	**x**	**1**		**0**		**2**		**0**	**x**	**2**	
	R		R		R	L	R		R		R		R	L	R	
	0		**3**		**0**	**x**	**3**		**0**		**2**		**0**	**x**	**2**	
6	R	L	R		R/L		R		R	L	R		R/L		R	
	0	**4**	**x**		**0** / **6**		**x**		**0**	**4**	**x**		**0** / **6**		**x**	
	R	L	R		R/L		R		R	L	R		R/L		R	
	0	**4**	**x**		**0** / **1**		**x**		**0**	**1**	**x**		**0** / **1**		**x**	

Slap-Schläge können auch mit dem Übungsstück „Ayina“ oder bei „Spread by the wind“ trainiert werden.

14. 2 ÜBER 3 ODER 3 ÜBER 4

Ein sehr schöner Rhythmus entsteht bei einer Überlagerung von zwei unterschiedlichen Pulsationen. Wenn eine Hand jede 2. Pulsation spielt und die andere jede 3. Pulsation, so spricht man von 2 über 3.

Ein Beispiel mit 4 und 1

Links	L L L L L L **4** | **4** | **4** | **4** | **4** | **4** |
Rechts	R R R **1** | | | **1** | | | **1** | | |

So ergibt das ein ineinandergreifendes Muster:

2 über 3	L/R L R L L/R L R L **4** | **4** | **4** | **4** | **4** | **4** | **1** **1** **1** **1**

Diesen Groove kann man natürlich auch in einen 4er-Zyklus einbauen, indem man 3 Pulsationen Pause anhängt.

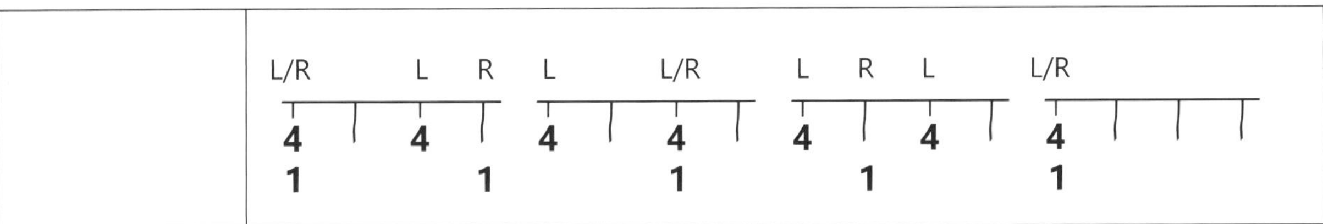

Oder seitenverkehrt:

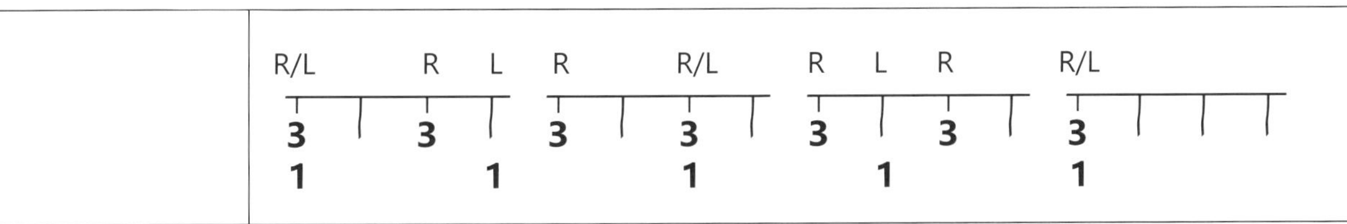

Übungen zu 2 über 3:

1	L/R L R L L/R L R L L/R **4 4 4 4 4 4 4** **1 1 1 1 1** L/R L R L L/R L R L L/R **6 6 6 6 6 6 6** **2 2 2 2 2**
2	R/L R L R R/L R L R R/L **3 3 3 3 3 3 3** **1 1 1 1 1** R/L R L R R/L R L R R/L **5 5 5 5 5 5 5** **3 3 3 3 3**
3	R/L R L R R/L R L R R/L **8 8 8 8 8 8 8** **1 1 1 1 1** R/L R L R R/L R L R R/L **7 7 7 7 7 7 7** **1 1 1 1 1** R/L R L R R/L R L R R/L **6 6 6 6 6 6 6** **1 1 1 1 1** R/L R L R R/L R L R R/L **7 7 7 7 7 7 7** **1 1 1 1 1**

Die Übung funktioniert natürlich auch, wenn der tiefe Ton die 2er-Pulsation spielt und der hohe Ton die 3er:

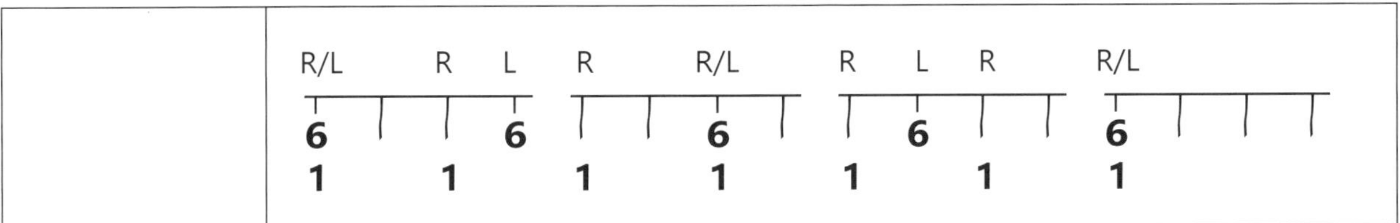

Probiere doch einfach unterschiedliche Tonkombinationen auf deinem Instrument aus und achte darauf, welche Kombinationen gut klingen.

Das gleiche System geht auch mit 4 über 3.

Ein Beispiel mit 4 und 1:

Links	L L L L 4 4 4
Rechts	R R R R 1 1 1 1

3 über 4	R/L R L R L R 4 4 4 1 1 1 1
oder	R/L L R L R L 4 4 4 4 1 1 1

Übungen:

1	R/L R L R L R R/L R **7 7 7 7 8 7** **0 0 0 0** R/L R L R L R R/L R **6 6 6 6 5 5** **0 0 0 0**
2	L/R L R L R L R L **4 4 4 4 5 6** **1 1 1** L/R L R L R L R L **4 4 4 4 7 6** **2 2 2**
3	L/R L R L R L **4 4 4 4** **7 7 7** L/R L R L R L **4 4 4 4** **6 6 6** L/R L R L R L **4 4 4 4** **5 5 5** L/R L R L R L **4 4 4 4** **6 6 6**

15. TREPPEN STEIGEN

Eine Treppe geht man normalerweise Stufe für Stufe nach oben oder nach unten. Auch am Handpan kann man die Tonleiter des Instruments so durchlaufen, je nachdem wie viele Töne dein Instrument hat. Hast du keine 8 und 9, höre bei deinem letzen Ton auf.

Aufsteigend:

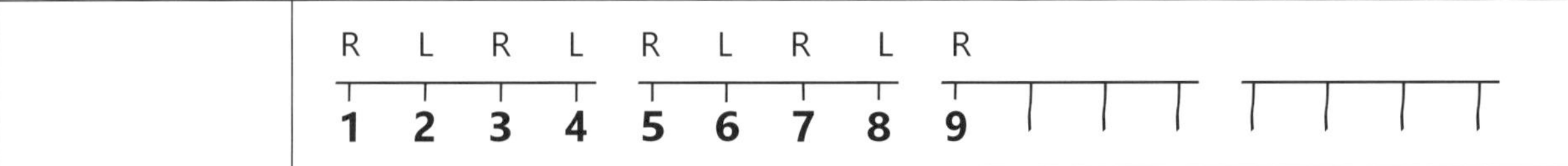

	R L R L	R L R L	R	
	1 2 3 4	5 6 7 8	9	

Absteigend:

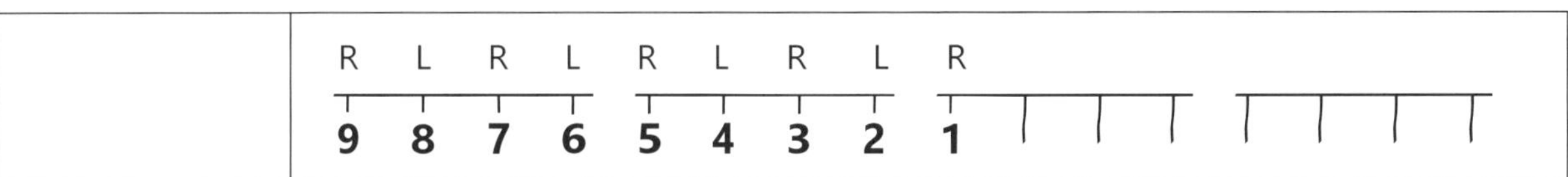

	R L R L	R L R L	R	
	9 8 7 6	5 4 3 2	1	

Es gibt aber auch andere sehr interessante Möglichkeiten, eine Treppe bzw. Tonleiter entlangzuwandern. Es gibt die Varianten 2 vor und 1 zurück, 4 vor und 1 zurück, oder 4 vor und 2 zurück.

Übung 2 vor und 1 zurück:

Aufsteigend: bis zum 7. Tonfeld

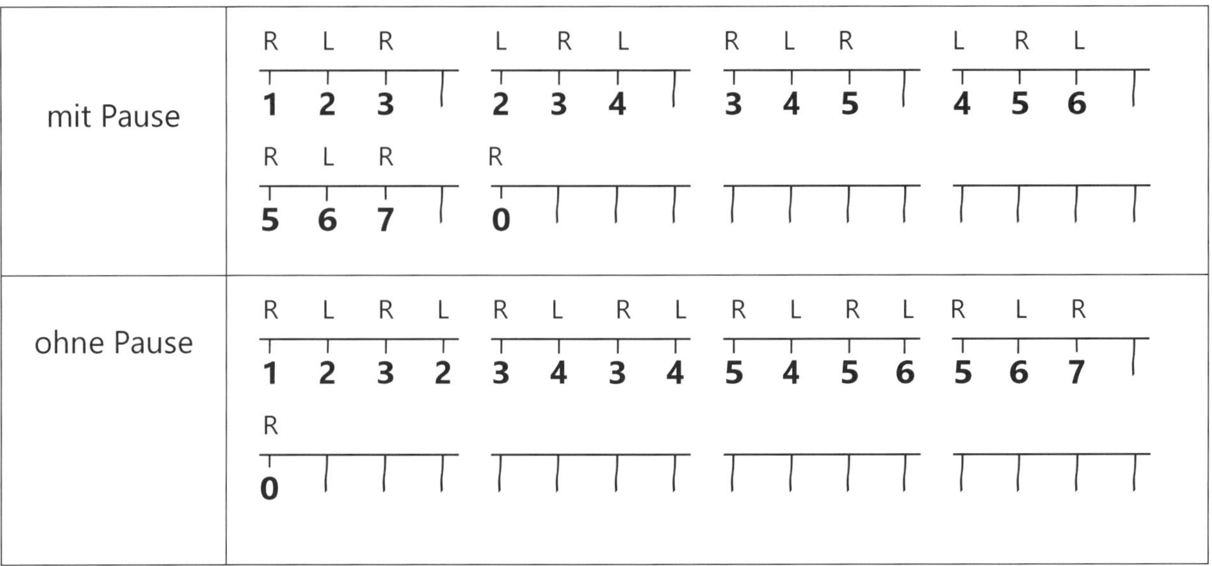

mit Pause	R L R	L R L	R L R	L R L
	1 2 3	2 3 4	3 4 5	4 5 6
	R L R	R		
	5 6 7	0		
ohne Pause	R L R L	R L R L	R L R L	R L R
	1 2 3 2	3 4 3 4	5 4 5 6	5 6 7
	R			
	0			

Absteigend: von 7 beginnend

mit Pause	R L R L R L R L R L R L 7 6 5 6 5 4 5 4 3 4 3 2 R L R R 3 2 1 0
ohne Pause	R L R L R L R L R L R L R L R 7 6 5 6 5 4 5 4 3 4 3 2 3 2 1 R 0

Übung 4 vor und 1 zurück:

Aufsteigend: bis zum 8. Tonfeld

	R L R L R L R L R L R L R 1 2 3 4 3 4 5 6 5 6 7 8 0

Absteigend: vom 8. Tonfeld

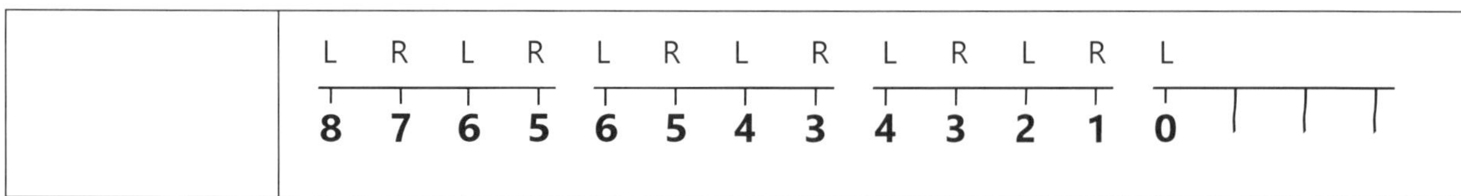

Übung 4 vor und 2 zurück: hierbei ergibt sich ein etwas schwierigerer Handsatz.

Aufsteigend: bis zum 7. Tonfeld

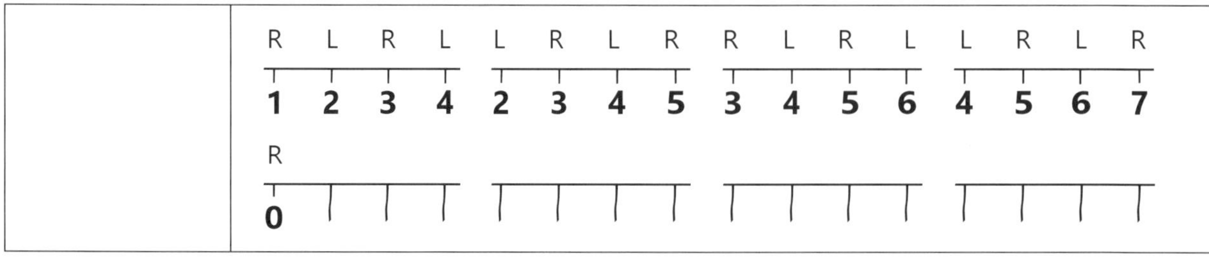

Absteigend: vom 7. Tonfeld

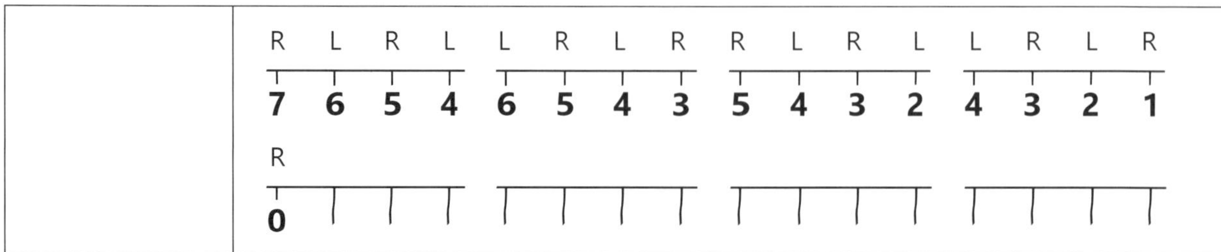

16. ABGEDÄMPFTE SOUNDS

Sehr schöne Klangvariationen können durch das Abdämpfen der Schläge erzielt werden.

Für diesen Effekt braucht man nur den Spielfinger (Daumen oder Zeigefinger) kurz am Tonfeld liegen lassen. Dieser Effekt wird ganz häufig von Anfängern, beim ersten Kontakt mit dem Instrument gemacht. Die Finger bleiben liegen und das Tonfeld klingt nur ganz kurz. Das wird am Anfang als falsche Technik gesehen, da wir ja versuchen, das Klangfeld zum Klingen zu bringen. Nun ist dieser Staccato-Effekt aber genau erwünscht.

In manchen Situationen, z. B. vor einem Slap, kann man ein Tonfeld auch mit mehreren Fingern oder der ganzen Hand abdämpfen.

Das Symbol für abgedämpfte Schläge ist ein Strich unter dem jeweiligen Ton.

Ein abgedämpfter zentraler Ton wird z. B. so dargestellt: $\underline{0}$

Übungen mit abgedämpften Sounds:

VIDEO
27

1	R L R L R L R **0 0 0 T 0 0 0**
2	R R L R R R L R L **0 0 0 0 0 5 6 5 4**
3	R L R R R L R L **0 0 T 0 0 1 1 1**
4	R L R R L L R R L **0 0 0 T 0 0 0 T 1 1**
5	R L R L R L R R L R L R L R **1 2 3 4 5 6 7 1 2 3 4 5 6 7**
6	R L R L R L R L R **1 6 5 4 1 6 5 4 5**
7	R L R L R R L R L R L L **7 6 5 4 5 5 6 5 4 3 1 1**
8	R R L L R L R L R **0 5 4 4 5 4 5 6 5**

Abgedämpfte Sounds können auch mit dem Übungsstück „Spread by the wind" trainiert werden.

17. EIN ENDE FINDEN

Für jedes auch noch so kleine Musikstück braucht es ein passendes Ende.
Es ist möglich, ein Rhythmus-Pattern oder eine Melodieabfolge zu spielen und einfach plötzlich zu unterbrechen und so zum Ende zu kommen.

Oft ist dies jedoch ein unbefriedigendes Hörerlebnis.

Logisch ist es, auf der ersten Pulsation am ersten Beat zu einem Ende zu kommen. Es ist sehr schön, das Ende mit dem zentralen Ton, dem Grundton der Skala, zu spielen.

Beispiel:

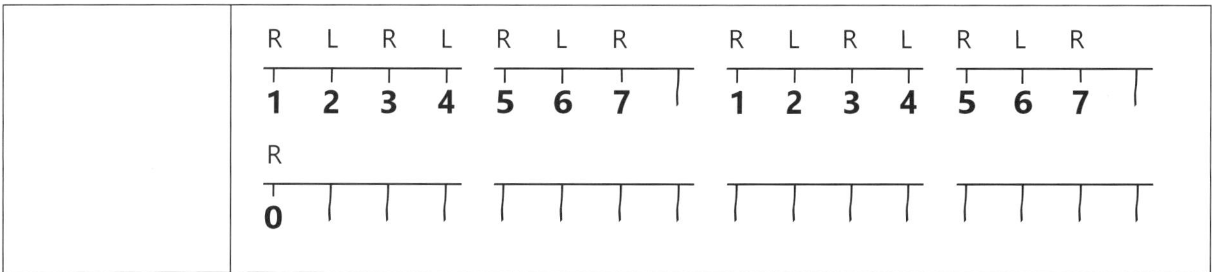

Diesen Grundton kann man mit einem anderen Ton zu einem Zweiklang erweitern. Sehr schön ist die Oktave zum Grundton. Die Oktave ist der gleiche Ton, aber höher.

Die Oktave ist bei den unterschiedlichen Instrumenten an einer anderen Position. Das kann 3, 4, 5, 6 oder gar die 7 sein.

Bei einem D-Kurd-Instrument liegt die Oktave zum Grundton am 4. Klangfeld.

0	1	2	3	**4**	5	6	7	8
D	A	Bb	C	**D**	E	F	G	A

Bei einem D-Amara-Instrument liegt die Oktave zum Grundton am 3. Klangfeld.

0	1	2	**3**	4	5	6	7	8
D	A	C	**D**	E	F	G	A	C

Finde die Oktave auf deinem Instrument. Dazu kannst du auch ein Stimmgerät verwenden.

Spiele nun folgendes Ende:

Beispiel:

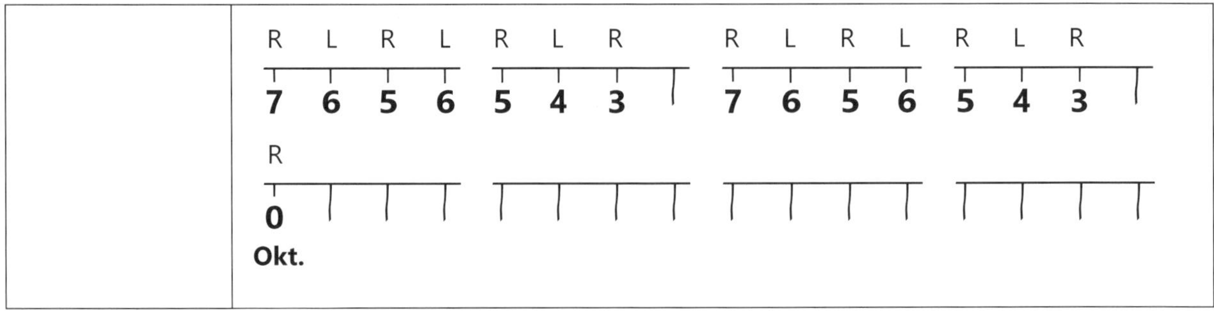

Andere logische Abschlussakkorde sind auch das gemeinsame Spiel von Grundton und Quint oder Quint und Oktave.

Die Quint ist der fünfte Ton der Tonreihe.

Bei einem D-Kurd-Instrument liegt die Quint zum Grundton am 1. Tonfeld, die Quint zur Oktave am 8. Tonfeld.

0	**1**	2	3	4	5	6	7	**8**
D	**A**	Bb	C	D	E	F	G	**A**

Bei einem D-Amara-Instrument liegt die Quint zum Grundton am 1. Tonfeld, die Quint zur Oktave am 7. Tonfeld.

0	**1**	2	3	4	5	6	**7**	8
D	**A**	C	D	E	F	G	**A**	C

Qui. **0**	**Okt.** **Qui.**

Natürlich kann ein Ende auch am 3. oder 4. Beat erfolgen. Einige Beispiele dazu gibt es in den Übungsstücken.

18. ÜBUNGSSTÜCKE

Mit den folgenden Übungsstücken können die bisher erarbeiteten Techniken gut trainiert werden.

Je komplexer die Stücke werden, desto schwieriger ist es, dass sie auf allen Skalen gut klingen.

Die Stücke funktionieren am besten mit der Stimmung Kurd.
Da in den Übungsstücken das 9. Tonfeld nie vorkommt, reicht eine Kurd8:

D-A-Bb-C-D-E-F-G-A

Bei anderen Stimmungen ergeben diverse Schlagkombinationen möglicherweise ein nicht so harmonisches Klangbild wie mit der Kurd Stimmung. Gerne darfst du mit den Stücken experimentieren und deine eigenen Variationen finden, die zu deinem Instrument vielleicht besser passen.

TIPP:
Die Übungsstücke sind teilweise recht anspruchsvoll. Nimm dir daher genug Zeit und erwarte nicht, dass du ein Stück sofort spielen kannst.

Erlerne immer erst die einzelnen Teile in kleinen Portionen. Wiederhole diese solange, bis du das Bewegungsmuster sehr tief internalisiert hast.

Erst im zweiten Schritt kannst du dann versuchen, von einem Teil in den nächsten zu wechseln.

Bis du das ganze Stück mit allen Teilen und Übergängen spielen kannst, wird es etwas dauern. Nimm dir die nötige Zeit dafür und genieße den Weg dahin!

Zu allen Übungsstücken gibt es Videos. Die Stücke sind in einem recht flotten Tempo eingespielt.
Gerne kannst du die Videos mit der Einstellungsfunktion auch langsamer abspielen.

1. A NEW BEGINNING

Teil A

R · R L   R · R ·   R · R L   R · R ·

0 | T T   0 | T | 0 | T T   0 | T |

R · R ·   R L R ·   R · R L   R L R ·

0 | 0 | 1 2 3 | 0 | 1 2   3 2 1 |

R · R ·   R L R ·   R · R L   R L R ·

0 | 0 | 3 2 1 | 0 | 3 2   1 2 3 |

R · R L   R · R ·   R · R L   R · R ·

0 | T T   0 | T | 0 | T T   0 | T |

R · R ·   L R L ·   R · L R   L R L ·

0 | 0 | 4 5 6 | 0 | 4 5   6 5 4 |

R · R ·   L R L ·   R · L R   L R L ·

0 | 0 | 6 5 4 | 0 | 6 5   4 5 6 |

R · R L   R · R ·   R · R L   R · R ·

0 | T T   0 | T | 0 | T T   0 | T |

R · R ·   L R L ·   R · L R   L R L ·

0 | 0 | 2 3 4 | 0 | 2 3   4 3 2 |

R · L R   L R L ·   R · L R   L R L ·

0 | 2 3   4 5 6 | 0 | 6 5   4 3 2 |

Übergang zu Teil B

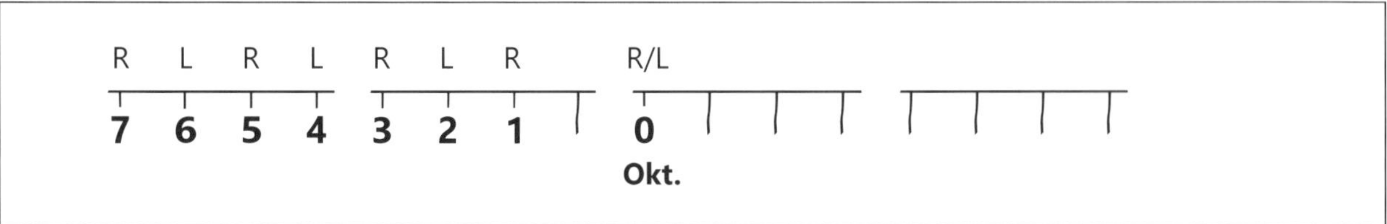

Teil B

	R		R		R	L	R		R		R	L	R	L	R	
4x	0		0		T	T	T		0		T	T	T	T	T	

	R		R		L	R	L		R		L	R	L	R	L	
2x	1		1		6	5	4		1		6	5	4	5	6	
	R		R		L	R	L		R		L	R	L	R	L	
2x	7		7		6	5	4		7		6	5	4	5	6	
	R		R		L	R	L		R		L	R	L	R	L	
2x	8		8		6	5	4		8		6	5	4	5	6	
	R		R		L	R	L		R		L	R	L	R	L	
2x	7		7		6	5	4		7		6	5	4	5	6	

Ende

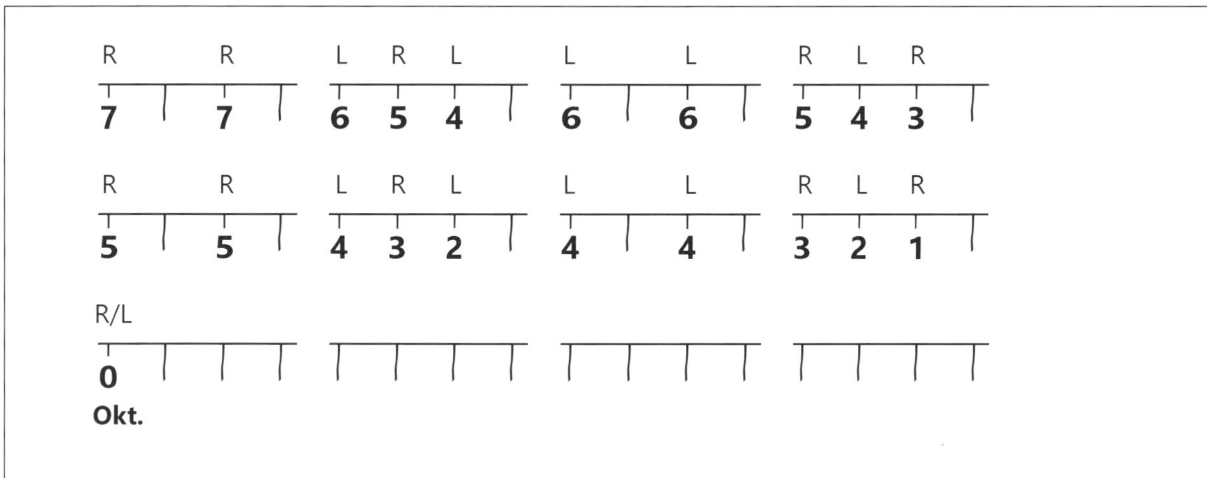

2. INNER VOICE

Grundübungen

	R R L	R L	R L	R
Handsatz 1	0 T T	T T	0 T	T
	R R L	R L	R R	L
Handsatz 2	0 T T	T T	0 T	T
	R R L	R L	R L	R
Variation 1	0 T T	T T	0 0	T
	R R L	R L	R L	R L
Variation 2	0 T T	T T	0 0	T T
	R R L	R L	R L	R
Variation 3	0 1 1	1 1	0 1	1
	R R L	R L	R R	L
Variation 4	0 1 1	1 1	0 1	4

INNER VOICE

Teil A

3x	R R L R L R L R 0 T T T T 0 T T
1x	R L L R L R 0 T T 0 T T
2x	R R L R L R R L 0 1 1 1 1 0 1 4 R R L R L R R L 0 1 1 1 1 0 1 5 R R L R L R R L 0 1 1 1 1 0 1 6 R R L R L R R L 0 1 1 1 1 0 1 5

2x

Übergang 1

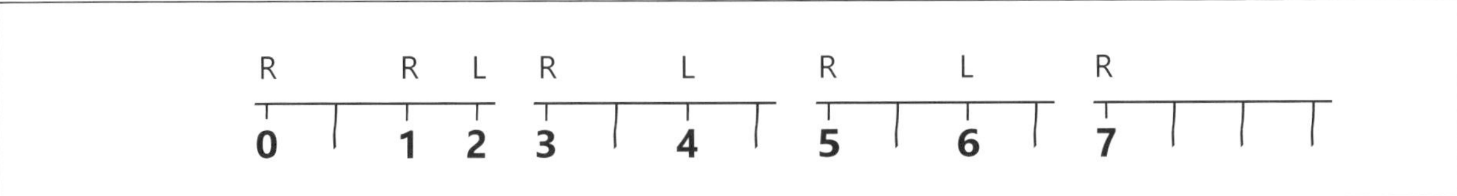

Teil B

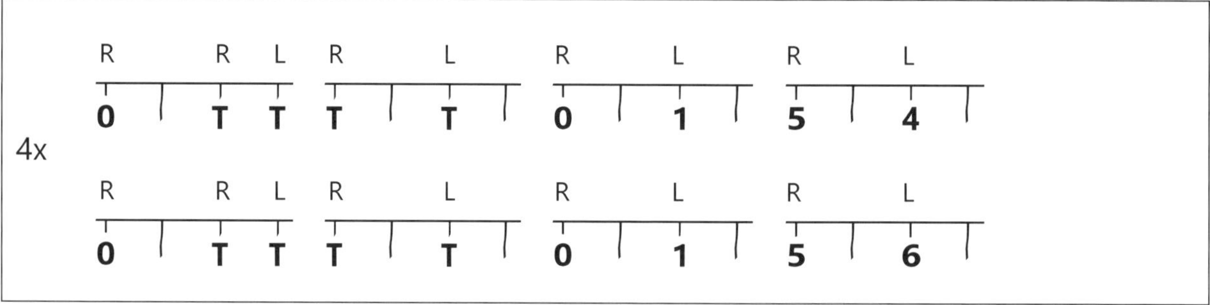

Übergang 2

R L R L R L R
7 6 5 6 5 4 3

R/L
0
Okt.

Teil C

2x	R R L R L R L R 0 5 6 5 6 0 6 7 R R L R L R L R 0 5 6 5 6 0 6 4
2x	R R L R L R R L 0 1 1 1 1 0 1 4

2x

Teil D

2x	R R L R L R R L R L 7 7 4 7 4 6 6 4 6 4 R R L R L R R L R L 5 5 4 5 4 6 6 4 6 4
2x	R R L R L R R L R L 7 7 4 6 4 5 5 4 6 4

Ende

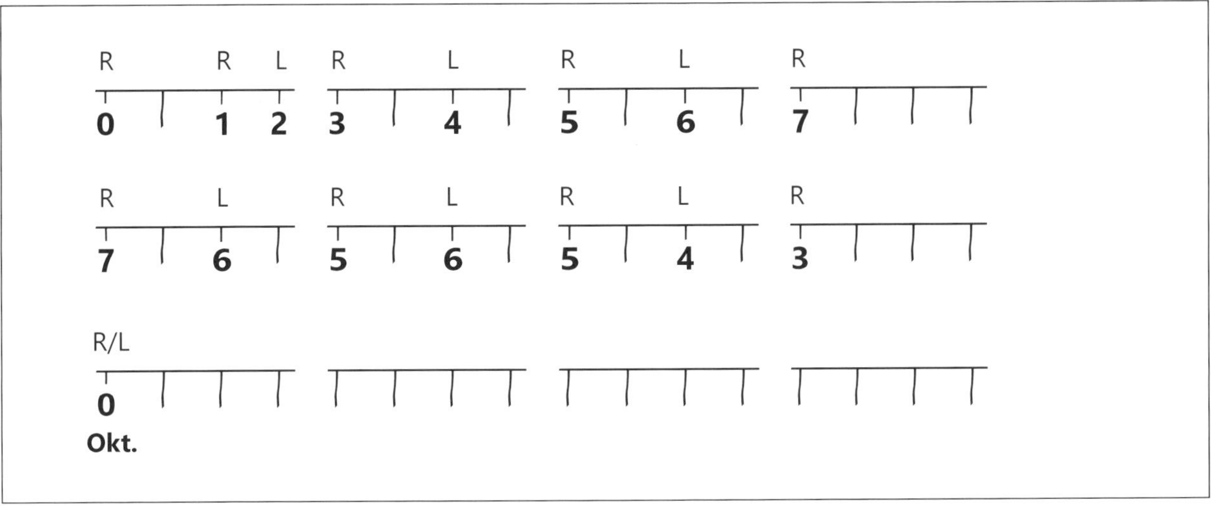

3. GO WITH THE FLOW

Grundübungen

Übung 1	R L R L R 0 T T T 0
Übung 2	R L R L R 0 0 0 T 0
Übung 3	R L R L R 0 T 0 T 0
Übung 4	R L L R L R 0 T 0 0 T 0
Grundgroove 1	R L R L R L R L 0 0 0 T 0 T T T
Grundgroove 2	R L L R R R L R L 0 1 0 0 1 0 T T T

GO WITH THE FLOW

VIDEO
30

INTRO

R	L		R	L		R		R	L		R	L		R	
7	**6**		**5**	**4**		**0**		**7**	**6**		**5**	**4**		**0**	

R	L		R	L		R		L		R		L			
7	**6**		**5**	**4**		**5**		**4**		**3**		**4**			

Grundgroove 1

2x

R			L	R		L		R		L		R		L	
0			**0**	**0**		**T**		**0**		**T**		**T**		**T**	

TEIL A

4x

R			L	R		L		R		L		R		L	
0			**0**	**0**		**T**		**0**		**T**		**T**		**T**	

R			L	R		L		R		L		R		L	
0			**0**	**0**		**T**		**0**		**4**		**5**		**6**	

R			L	R		L		R		L		R		L	
0			**0**	**0**		**T**		**0**		**T**		**T**		**T**	

R			L	R		L		R		L		R		L	
0			**0**	**0**		**T**		**0**		**4**		**3**		**2**	

Übergang

R			L	R		L		R							
0			**0**	**0**		**0**		**0**							

Grundgroove 2

2x

R L L R R R L R L

0 1 0 0 1 0 T T T

TEIL B

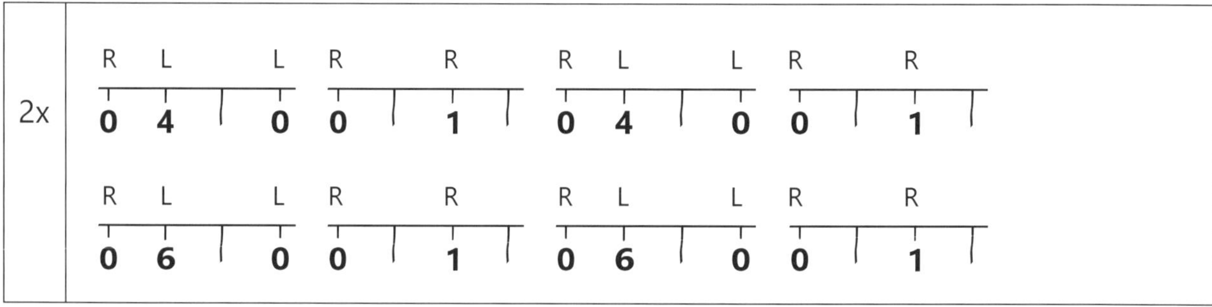

Übergang

R L L R R R L R

0 1 0 0 1 0 0 0

TEIL C

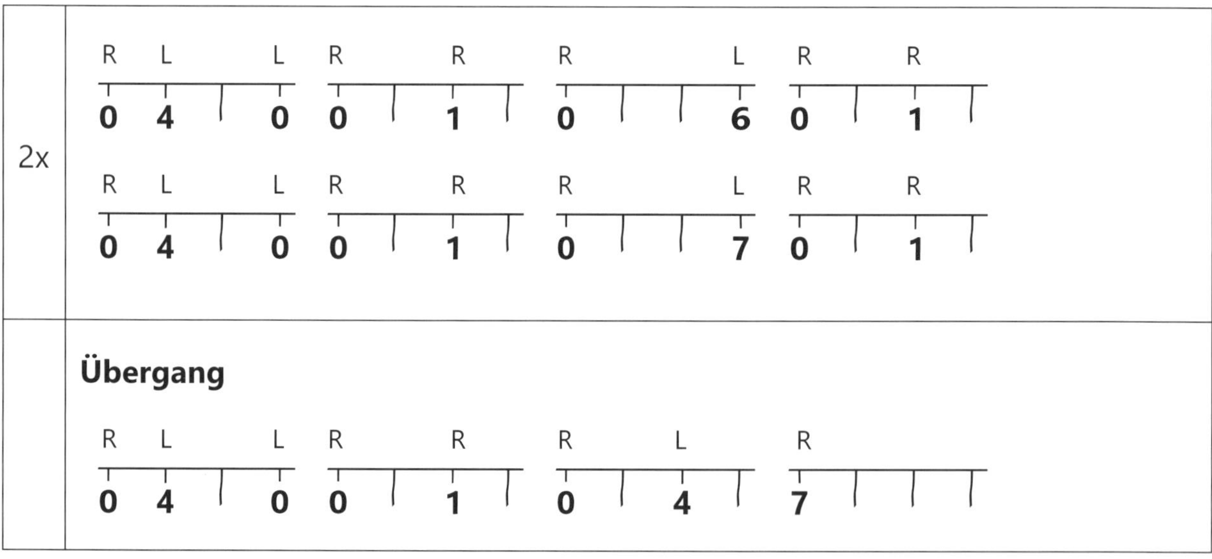

TEIL D

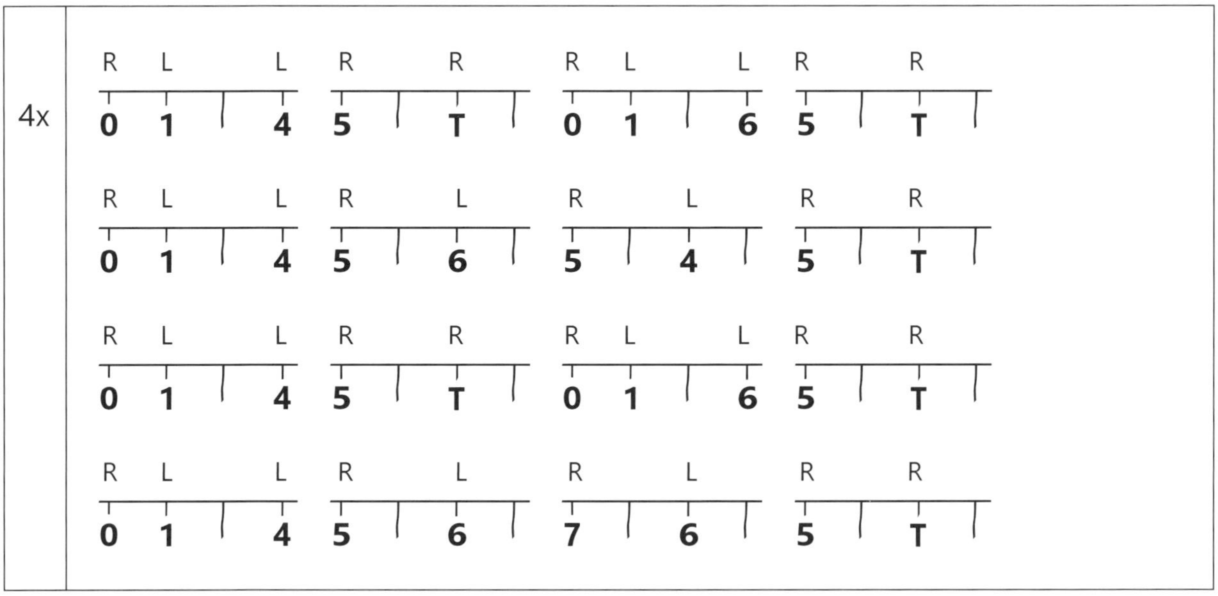

4x

R L L	R R	R L L	R R
0 1 4	5 T	0 1 6	5 T
R L L	R L	R L	R R
0 1 4	5 6	5 4	5 T
R L L	R R	R L L	R R
0 1 4	5 T	0 1 6	5 T
R L L	R L	R L	R R
0 1 4	5 6	7 6	5 T

Outro

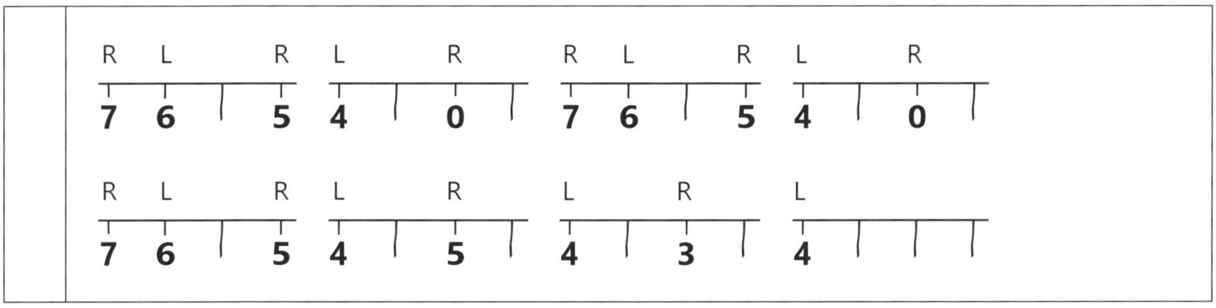

R L R	L R	R L R	L R
7 6 5	4 0	7 6 5	4 0
R L R	L R	L R	L
7 6 5	4 5	4 3	4

4. WAITING FOR YOU

VIDEO
31

Teil A

R	L	R	L	R	L	R	L
0	**4**	**2**	**4**	**0**	**4**	**2**	**4**
0	**4**	**2**	**4**	**0**	**4**	**2**	**4**
0	**6**	**5**	**6**	**0**	**6**	**5**	**6**
0	**6**	**5**	**6**	**0**	**6**	**5**	**6**

R	L	R	L	R	L	R	L
0	**4**	**2**	**4**	**0**	**4**	**2**	**4**
0	**4**	**2**	**4**	**3**	**2**	**1**	**4**
0	**6**	**5**	**6**	**0**	**6**	**5**	**6**
0	**6**	**5**	**6**	**7**	**6**	**5**	**6**

Teil B

	R	L	R	L	R	L	R	L
2x	**0**	**6**	**5**	**1**	**0**	**6**	**5**	**1**
	0	**6**	**5**	**4**	**0**	**6**	**5**	**4**
	0	**6**	**5**	**8**	**0**	**6**	**5**	**8**
	0	**6**	**5**	**8**	**7**	**6**	**5**	**4**

Teil C

	R	L	R	L	R	L	R	L
4x	**0**	**1**	**1**	**1**	**0**	**6**	**5**	**4**

Teil D

	R	L	R	L	R	L	R	L
2x	**6**	**4**	**8**	**4**	**6**	**4**	**8**	**4**
2x	**5**	**3**	**7**	**3**	**5**	**3**	**7**	**3**
2x	**6**	**4**	**8**	**4**	**6**	**4**	**8**	**4**
	3	**1**	**5**	**1**	**3**	**1**	**5**	**1**
	3	**1**	**5**	**1**	**3**	**4**	**5**	**6**

0 **Okt.**

ritardando ....

5. DEEP BREATH

INTRO

	R		L		R		R	L	R	L		R	L		R	L
	1		**2**		**3**		**T**	**T**	**7**	**6**		**5**	**4**		**T**	**T**
	R		L		R		R	L	R	L		R	L		R	L
	1		**2**		**3**		**T**	**T**	**7**	**6**		**5**	**4**		**T**	**T**

Grundgroove

2x	R		L		R		R	L	R	L		L	R		R	L
	0		**0**		**0**		**T**	**T**	**0**	**0**		**0**	**0**		**T**	**T**

TEIL A

4x	R		L		R		R		L	R	L	R		L	R	L
	3		**4**		**5**		**T**		**6**	**5**	**4**	**5**		**T**	**T**	**T**
	R		L		R		R		R	L	R	L		L	R	L
	3		**4**		**5**		**T**		**3**	**4**	**3**	**1**		**T**	**T**	**T**

TEIL B

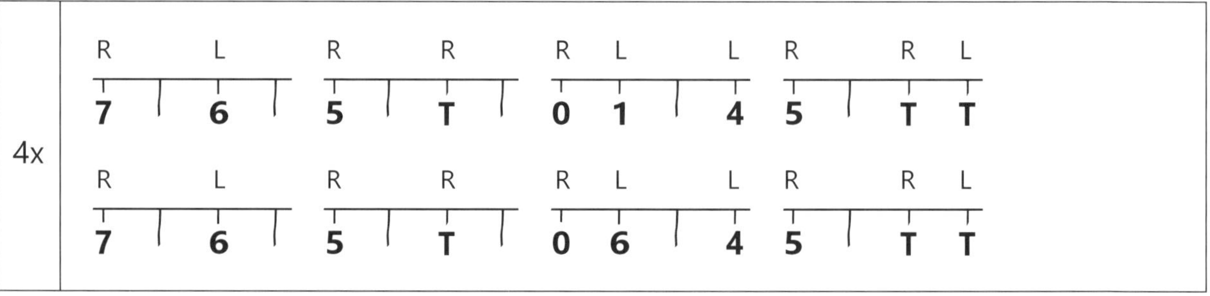

Grundgroove

2x

R L R R L R L L R R L

0 0 0 T T 0 0 0 0 T T

TEIL C

2x

R L R L R L L R L

1 4 1 6 1 4 4 1 6

R L R L R L L R L

1 5 1 7 1 5 5 1 7

2x

R L R L R L L R L

1 6 1 4 1 7 7 1 7

R L R L R L L R L

1 6 1 4 1 5 5 1 5

Grundgroove

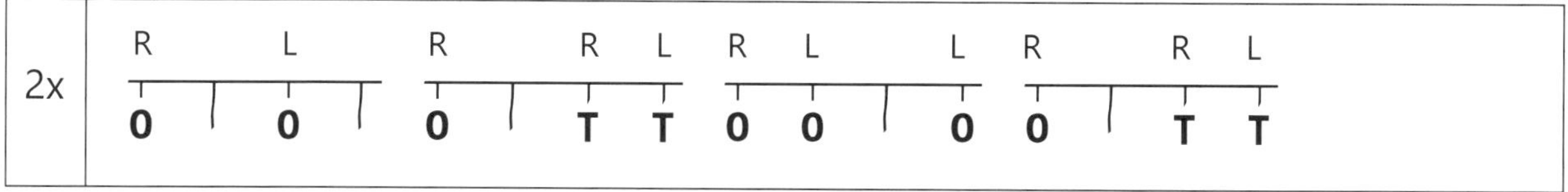

4x TEIL A

OUTRO

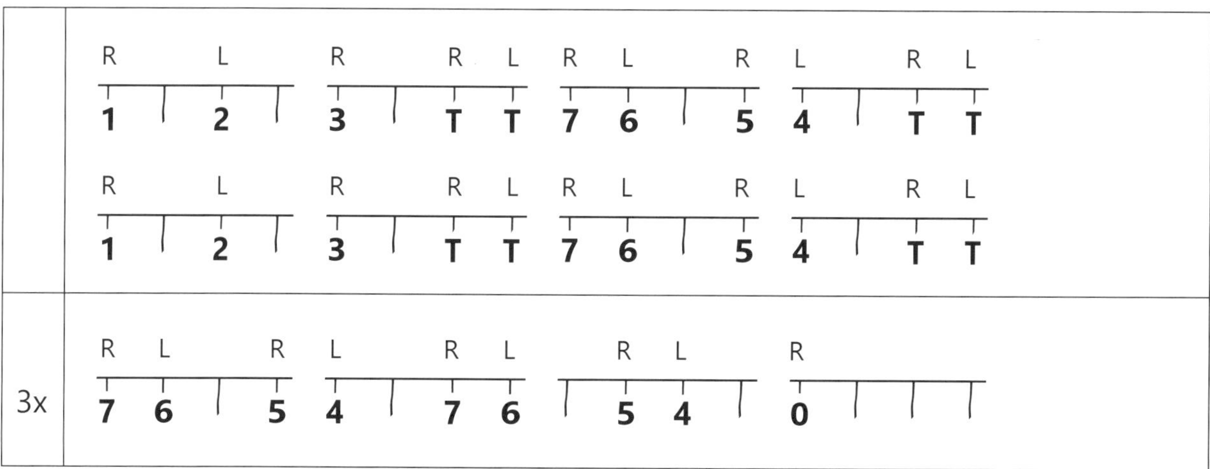

6. AYINA

(für Fortgeschrittene)

Teil A

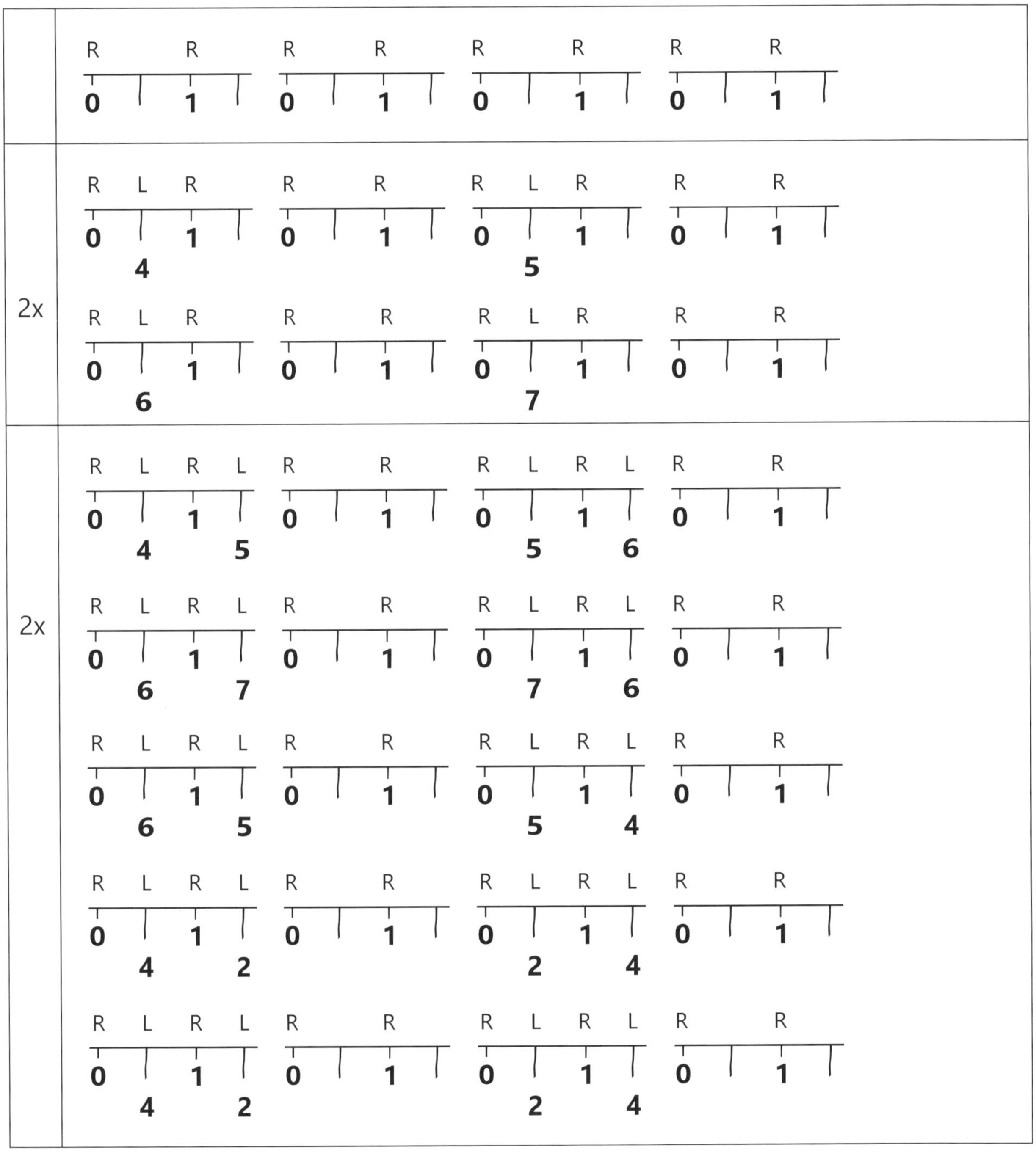

	R R	R R	R R	R R
	0 1	0 1	0 1	0 1
2x	R L R	R R	R L R	R R
	0 1	0 1	0 1	0 1
	4		5	
	R L R	R R	R L R	R R
	0 1	0 1	0 1	0 1
	6		7	
2x	R L R L	R R	R L R L	R R
	0 1	0 1	0 1	0 1
	4 5		5 6	
	R L R L	R R	R L R L	R R
	0 1	0 1	0 1	0 1
	6 7		7 6	
	R L R L	R R	R L R L	R R
	0 1	0 1	0 1	0 1
	6 5		5 4	
	R L R L	R R	R L R L	R R
	0 1	0 1	0 1	0 1
	4 2		2 4	
	R L R L	R R	R L R L	R R
	0 1	0 1	0 1	0 1
	4 2		2 4	

Übergang

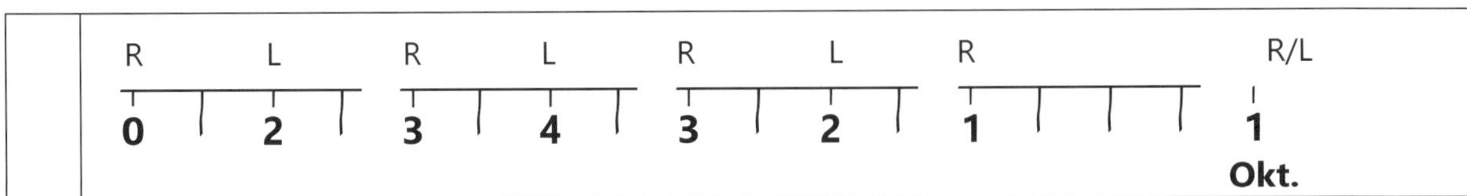

Teil B

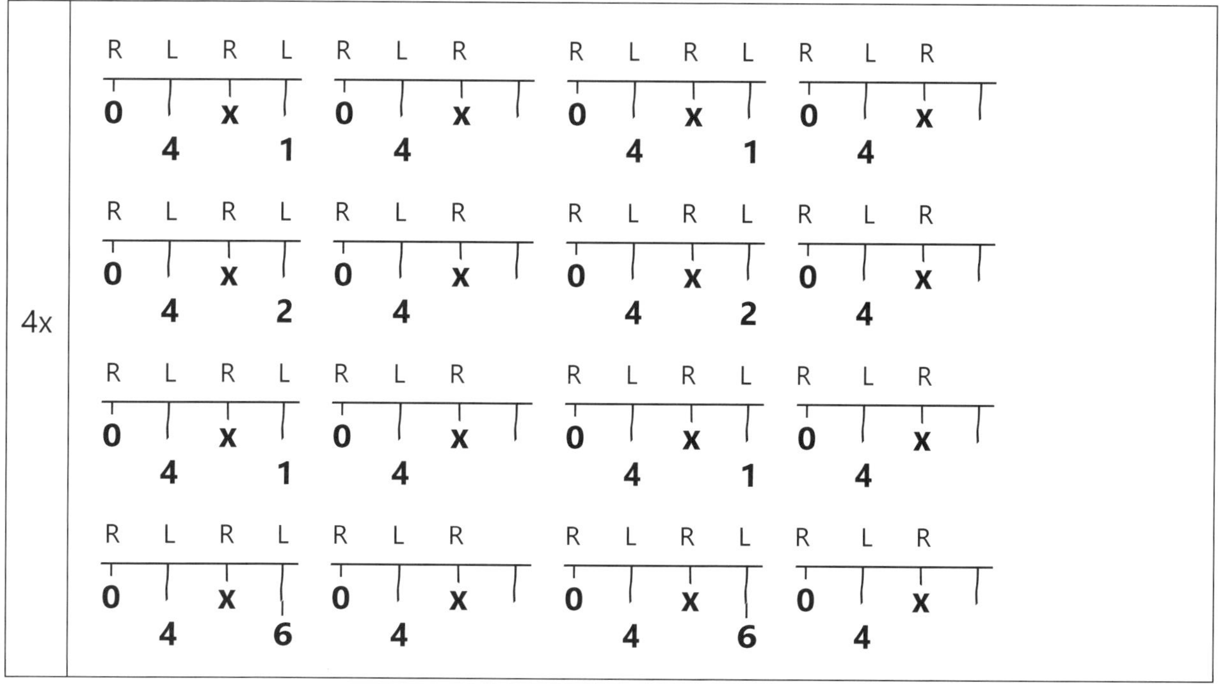

Sollte Teil B mit deiner Stimmung am Instrument nicht so toll klingen, versuche diese einfachere Variante:

Teil B Alternative

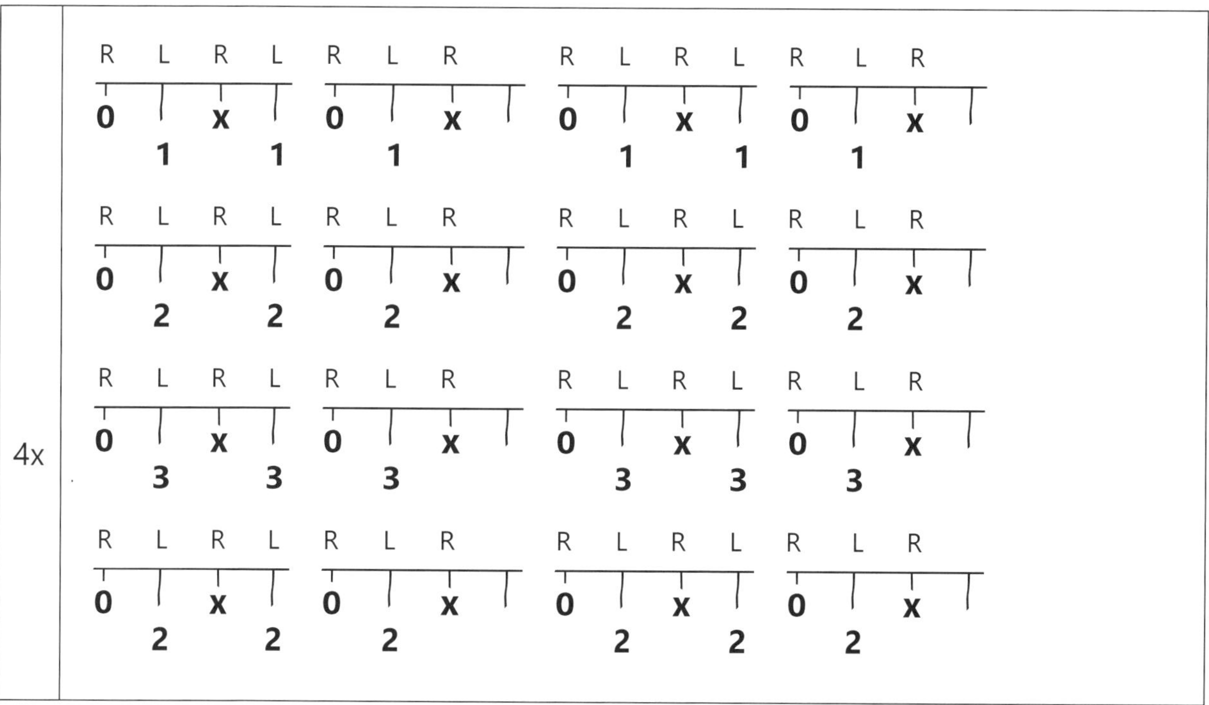

Teil C

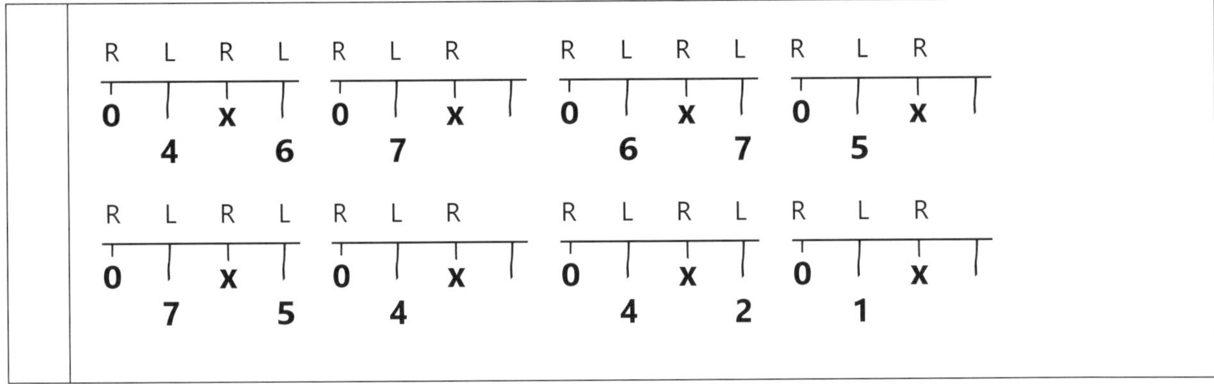
R L R L R L R R L R L R L R
0 x 0 x 0 x 0 x
4 6 7 6 7 5
R L R L R L R R L R L R L R
0 x 0 x 0 x 0 x
7 5 4 4 2 1

Ende

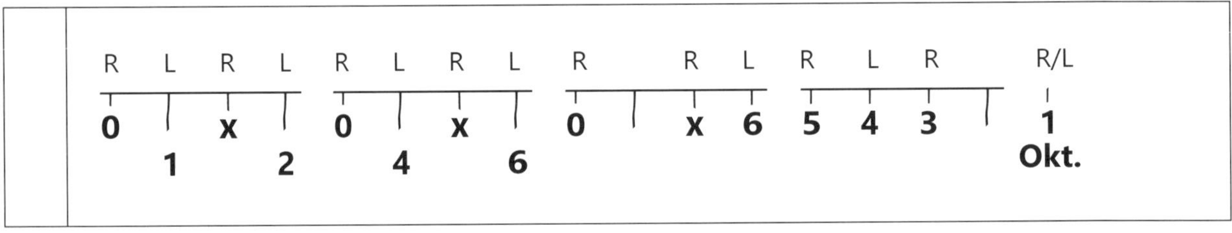
R L R L R L R L R R L R L R R/L
0 x 0 x 0 x 6 5 4 3 1
1 2 4 6 Okt.

7. SPREAD BY THE WIND
(für Fortgeschrittene)

Groove Grundübungen

Bei diesem Groove spielt die linke Hand den zentralen Ton manchmal abgestoppt:

0 = offen, klingend
0 = abgedämpft

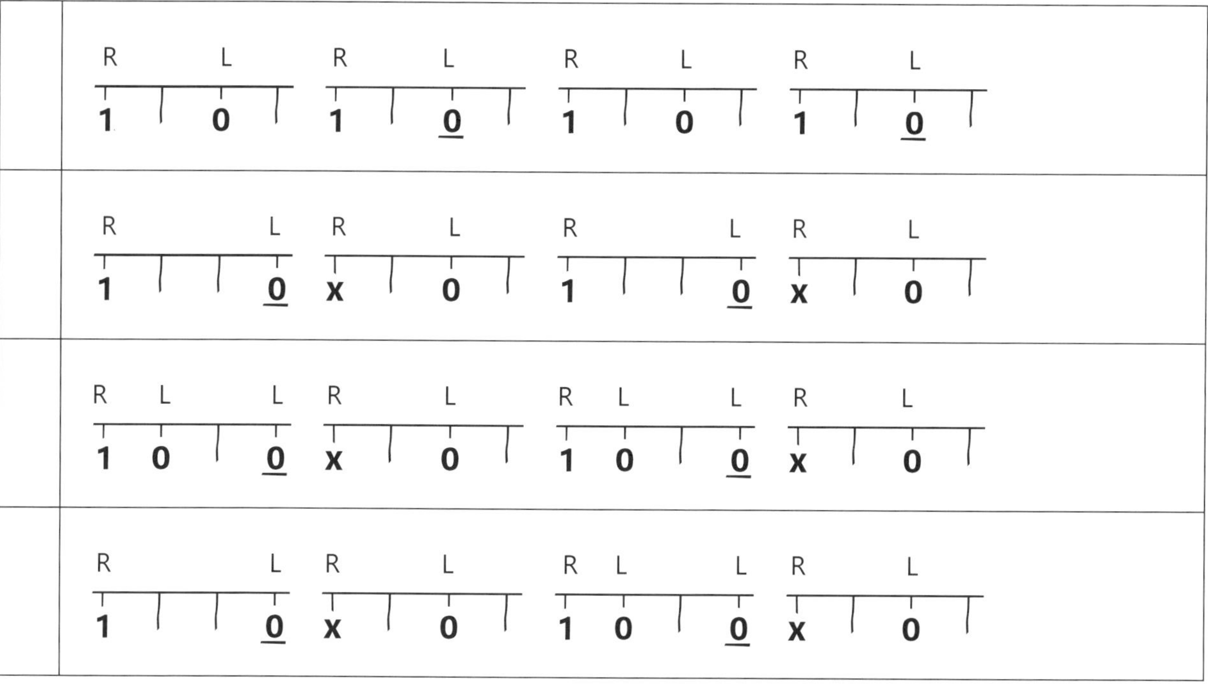

SPREAD BY THE WIND

Teil A

2x	3 5	3 5	3 5	3 4 5
	4 6	4 6	4 6	4 6
	5 1	5 1	5 1	5 7 1
	4 2	4 2	4 2	4 2
	3 5	3 5	3 5	3 4 5
	4 6	4 6	4 6	4 6
	7 3	7 3	7 6 3	5 4
	4 1	4 1	4 1	4 1
	ENDE: 4 1			

Teil B

	R L R L R L L R L 1 0 x 0 1 0 0 x 0 R L R L R L L R L 1 0 x 0 1 6 6 5 4 R L R L R L L R L 1 0 x 0 1 0 0 x 0 R L R L R L L R L 1 0 x 0 1 2 2 3 4
	R L R L R L L R L 1 0 x 0 1 0 0 x 0 R L R L R L L R L 1 0 x 0 1 6 6 5 4 R L R L R L L R L 2 0 x 0 2 0 0 x 0 R L R L R L R L 2 0 x 0 2 4 5 6

Übergang zu Teil C

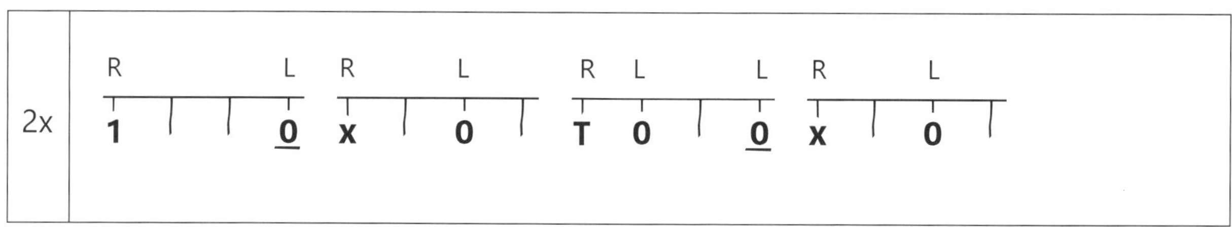

Teil C

SPREAD BY THE WIND - Fortsetzung

2x

- L R L R L L R L
3 0 x 0 T 0 0 x 4
5

- L R L R L L R L
4 0 x 0 T 0 0 x 0
6

- L R L R L L R L
5 0 x 0 T 0 0 x 7
1

- L R L R L L R L
4 0 x 0 T 0 0 x 0
2

- L R L R L L R L
3 0 x 0 T 0 0 x 4
5

- L R L R L L R L
4 0 x 0 T 0 0 x 0
6

- L R L R L L R L
7 0 x 0 T 6 6 5 4
3

- L R L R L L R L
4 0 x 0 T 0 0 x 0
1

Teil B

R L R L R L L R L
1 0 x 0 1 0 0 x 0

R L R L R L L R L
1 0 x 0 1 6 6 5 4

R L R L R L L R L
1 0 x 0 1 0 0 x 0

R L R L R L L R L
1 0 x 0 1 2 2 3 4

R L R L R L L R L
1 0 x 0 1 0 0 x 0

R L R L R L L R L
1 0 x 0 1 6 6 5 4

R L R L R L L R L
2 0 x 0 2 0 0 x 0

R L R L R L R L
2 0 x 0 2 4 5 6

- ritardando

und dann wieder Teil A

ANHANG 1: Einige gängige Handpanskalen

Alle Skalen sind zur leichteren Vergleichbarkeit auf den Beispiel-Grunddton D transponiert. Die Skalen können aber in unterschiedlichen Tonarten vorkommen. Bei manchen Skalen gibt es Variationen, vor allem in der Quantität der Töne. In dieser Liste werden nur Instrumente mit max. 9 Tönen angeführt. Bei Instrumten mit mehr Tönen (z. B. auf der Unterseite), wird meist nur der Tonumfang nach unten und oben erweitert.

V = Variation der Skala

Skalenname Variante	**T**	**I**	**II**	**III**	**IV**	**V**	**VI**	**VII**	**VIII**	**IX**	**X**	**XI**	**XII**	**XIII**	**XIV**	**XV**
Integral	7	D				A	Bb	C	D	E	F		A			
Integral V1	8	D				A	Bb	C	D	E	F		A	Bb		
Kurd/Aeolian AnnaZiska	8	D				A	Bb	C	D	E	F	G	A			
Kurd/Aeolian V1	9	D				A	Bb	C	D	E	F	G	A		C	
Enigma	7	D				A	Bb		D	E	F		A		C	
Celtic Minor Amara	8	D				A		C	D	E	F	G	A		C	
Big Bear	7	D			G	A		C	D	E	F		A			
LalaBye	8	D			G	A		C	D	E	F	G	A			
Shang Diao High	8	D			G	A		C	D		F	G	A		C	
Yu Shan Diao	8	D		F	G	A		C	D		F	G	A			
Pygmy	7	D			G	A	Bb		D		F	G	A			
Pygmy V1	8	D			G	A	Bb		D		F	G	A	Bb		
Little Bear/ Xiao Xiong Diao	7	D			G	A	Bb		D	E	F		A			
Low Pygmy	8	D	E	F		A		C	D	E	F		A			
Avalon	9	D		F	G	A	Bb	C	D		F	G	A			
Voyager Magic Voyager	8	D		F		A		C	D	E	F		A		C	
Equinox	8	D		F		A	Bb	C	D	E	F		A			
Witching Hour	8	D		F		A	Bb		D	E	F		A		C	
Mystic	7	D				A	Bb		D	E	F		A		C	
Mystic V2	8	D				A	Bb		D	E	F		A		C	D
Yu Diao/ Banshiki Cho	8	D				A		C	D		F	G	A		C	D
Yu Diao Low	7	D		F	G		Bb	C	D		F	G				
Akebono	7	D			G	A	Bb		D	Eb		G	A			
Akebono V1	8	D			G	A	Bb		D	Eb		G	A	Bb		

Kumo	8	D			G	A	Bb		D	Eb	F	G	A			
Hokkaido	9	D			G	A	Bb	C	D	Eb	F	G	A			
Phrygian	8	D				A	Bb	C	D	Eb	F	G	A			
Klezmera	8	D				A			D	Eb	F#	G	A	Bb		D
Orion	7	D				A		C	D	Eb	F#	G	A			
Harm. Minor G Spanisch Gypsy	7	D				A		C	D	Eb	F#	G	A			
Harm. Minor G Span. Gypsy V1	8	D				A		C	D	Eb	F#	G	A		C	
Harm. Minor G Span. Gypsy V2	9	D				A		C	D	Eb	F#	G	A		C	D
Harm. Minor G Span. Gypsy V3	9	D				A	Bb	C	D	Eb	F#	G	A		C	
Onoleo	8	D				A	Bb		D		F#	G	A	Bb	C	
Harm. Minor D Hijaz/Kaffa	8	D				A	Bb	C#	D	E	F	G	A			
Hijazkar	8	D				A	Bb	C#	D	E	F	G#	A			
Romanian Hijaz	8	D			G	A	Bb	C#	D	E	F	G				
Romanian Hijaz Var 1	9	D			G	A	Bb	C#	D	E	F	G	A			
Romanian Hijaz V2	8	D			G	A	Bb	C#	D	E	F		A			
Syra/Shiraz	7	D				A	Bb	C#	D	E	F		A			
Syra/Shiraz V2	8	D				A	Bb	C#	D	E	F		A			D
Hafiz	9	D		F	G	A	Bb	C#	D		F	G	A			
Dorisch LaLanta	8	D				A	B	C	D	E	F	G	A			
Jibuk	8	D			G	A	B	C	D	E	F	G				
La Sirena	9	D		F		A	B	C	D	E	F	G	A			
Major	7	D				A		C#	D	E	F#	G	A			
Major V1	7	D				A	B		D	E	F#	G		B		
Major V2	9	D				A	B	C#	D	E	F#	G	A		C#	
Aegean	7	D		F#		A		C#	D		F#	G#	A			
Ysha Savita	9	D				A		C#	D	E	F#	G	A		C#	D
Ysha Savita V1	8	D				A		C#	D	E	F#	G	A			D
Sabye	8	D			G	A	B	C#	D	E	F#		A			
Melog	9	D		F#	G	A		C#	D		F#		A			D

Melog V1	8	D		F#	G	A		C#	D		F#	G	A			
Golden Gate Lydisch	7	D		F#		A		C#	D	E		G#	A			
Mixolydisch	7	D				A		C	D	E	F#	G	A			
Mixolydisch V2	8	D				A		C	D	E	F#	G	A		C	
Mixolydisch V3	9	D			G	A		C	D	E	F#	G	A			
Mixolydisch V4	8	D				A		C	D	E	F#	G	A		C	
Limoncello	7	D			G	A		C	D	E	F#		A			
Oxalis	8	D		F#	G	A	B		D		F#	G	A			
Oxalista	9	D		F#	G	A	B		D	E	F#	G	A			
Raga Desh Shappire	8	D		F#	G	A		C	D		F#	G	A			
Raga Desh Shappire V1	8	D				A		C	D		F#	G	A		C	D
Raga Desa Todi	8	D		F#		A	B	C#	D	E	F#		A			
Lydisch	8	D				A	B	C#	D	E	F#	G	A			
Phrygisch	7	D				A		C	D	Eb	F#	G	A			
Phrygisch V1	8	D				A		C	D	Eb	F#	G	A		C	
Phrygisch V2 Saladin	8	D			G	A		C	D	Eb	F#	G	A			
Lokrisch	8	D				Ab	Bb	C#	D	Eb	F	G	Ab			
Mahara	8	D			G	Ab	B	C	D	Eb	F	G				

ANHANG 2: Symbole der Notation

Symbole der Sounds:

0	zentraler Ton, gesprochen als Bum oder Dum
1 - 9	Äußere Tonfelder. **1 =** tiefster Ton der äußeren Töne. **2 =** nächster Ton, meist links von 1. **3 - 9 =** Folgetöne, je nach Anzahl der Töne am Instrument.
T	Tak, Schlag am bereits nicht mehr definiert klingendem Rand (Schulter) des zentralen Tonfeldes. Gesprochen als TA oder TAK.
–	Tap oder Ghostnote, leicht angeschlagener Fingertip an nicht klingenden Teilen des Instruments
x	Slap, gesprochen als PA

Symbole für den Handsatz:

R	Rechte Hand
L	Linke Hand
R/L	Beide Hände gleichzeitig
-	Handsatz nach Belieben
RD	Daumen der rechten Hand
RZ	Zeigefinger der rechten Hand
LD	Daumen der linken Hand
LZ	Zeigefinger der linken Hand

ANHANG 3: Liste der Videos

Die Videos wurden mit einem D-Kurd9 vom Handpanhersteller Deepan eingespielt.

1 Der tiefe Bassklang im zentralen Tonfeld

2 Der hohe perkussive Sound am Rand des zentralen Tonfelds

3 Einfache Übungen mit beiden Sounds im zentralen Tonfeld

4 Die Daumen-Spieltechnik bei den tiefen Tönen 1 - 3

5 Die Zeigefinger-Spieltechnik ab dem Tonfeld 4

6 Übungssequenz 1

7 Übungssequenz 2

8 Übungssequenz 3

9 Übungssequenz 4

10 Übungssequenz 5

11 Übungssequenz 6

12 Übungssequenz 7

13 Übungssequenz 8

14 Übungssequenz 9

15 Übungssequenz 10

16 Der Seitenwechsel

17 Afro-Grooves

18 Orientalische Grooves

19 Rock-Grooves mit langsamen Taps

20 Rock-Grooves mit schnellen Taps

Die Videos sind aufrufbar mit dem QR-Code
bei der jeweiligen Übung oder unter:

https://www.dux-verlag.de/handpan

(Passwort: D910)

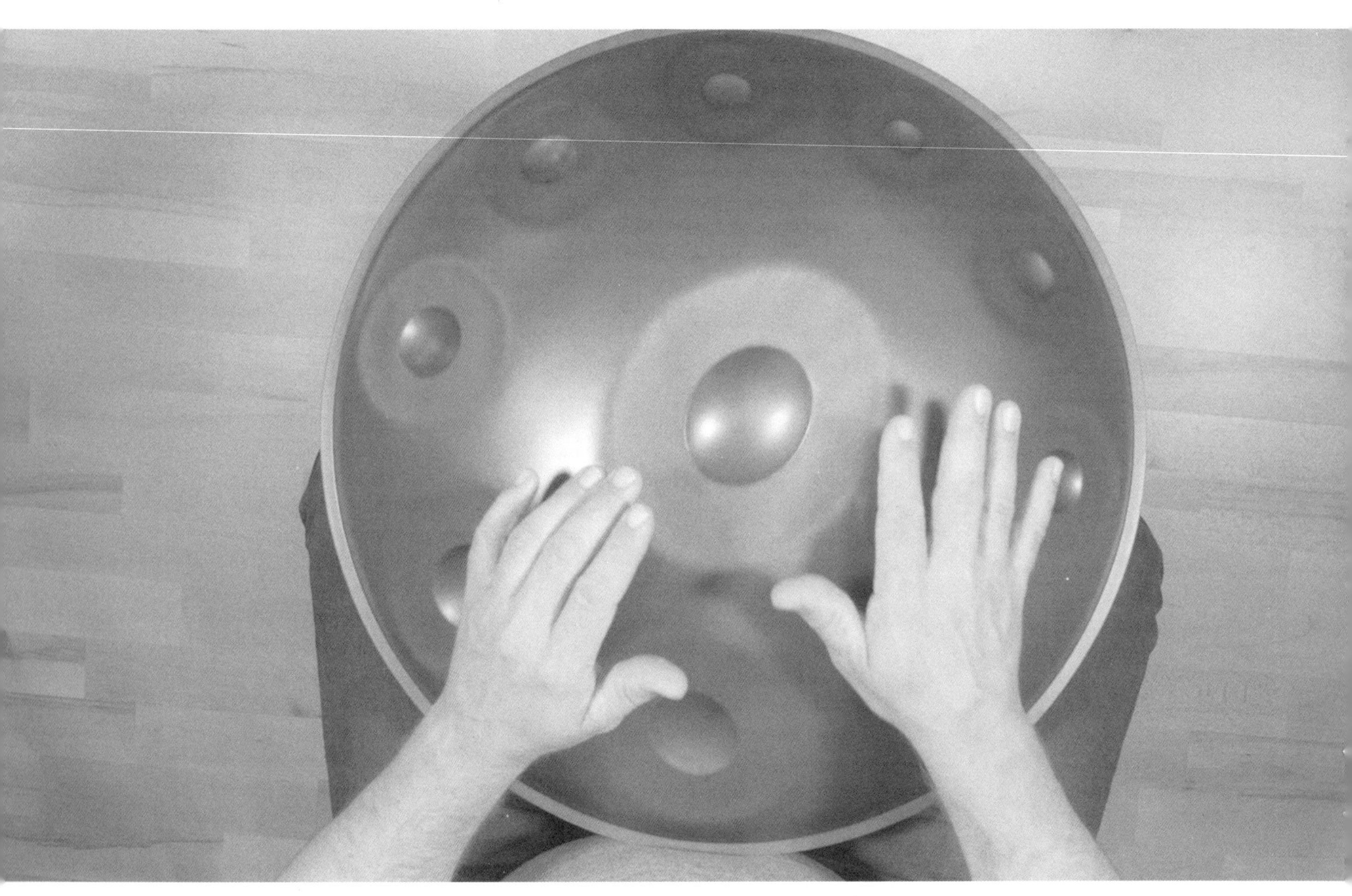